TODAY'S WOMEN OF COUNTRY

PIANO VOCAL GUITAR

2ND EDITION

25 HITS BY TOP ARTISTS

T0045632

ISBN 978-0-634-00030-0

HAL•LEONARD®
CORPORATION

7777 W. BLUEMOUND RD. P.O. BOX 13819 MILWAUKEE, WI 53213

Visit Hal Leonard Online at
www.halleonard.com

ALL I WANT TO DO

Words and Music by KRISTIAN BUSH,
BOBBY PINSON and JENNIFER NETTLES

Moderately

I don't want to get __ up, ba - by; let's __ turn off the phone. __ I don't want to go to work __ to - day, __ or e - ven put __ my make - up on. __ I've got bet - ter things __ to do __ than my

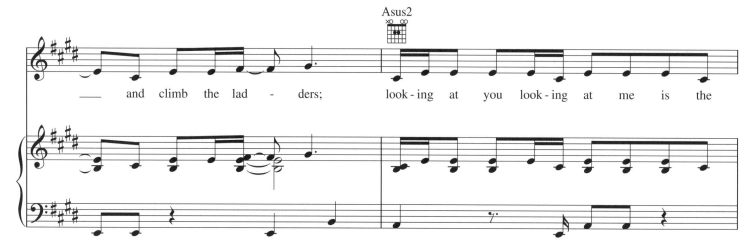

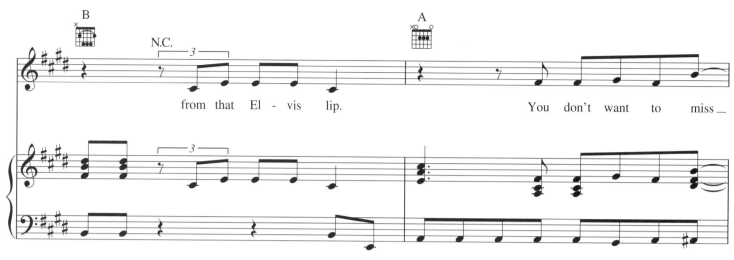

from that El - vis lip.   You don't want to miss

— this. ___   All I want to do ooh ooh ooh ooh ___

— ooh ooh ooh ooh ___   ooh ooh ooh ooh, ___   all I want to

do ooh ooh ooh ooh ___   ooh ooh ooh ooh ___   ooh ooh ooh ooh is love _

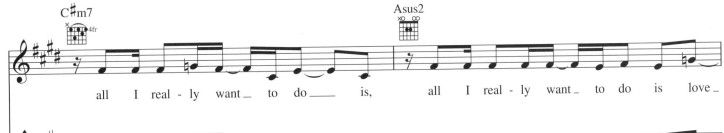

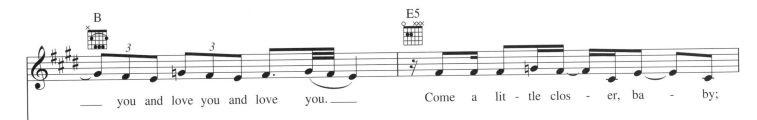

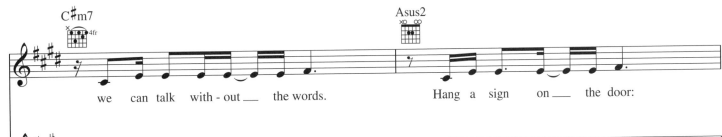

ALL YOUR LIFE

Words and Music by BRIAN HENNINGSEN
and CLARA HENNINGSEN

Moderate Ballad

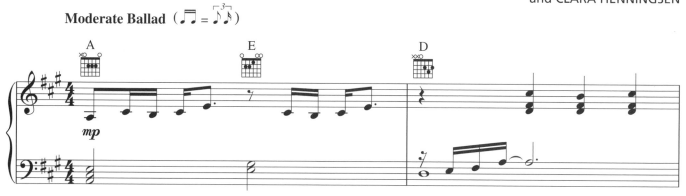

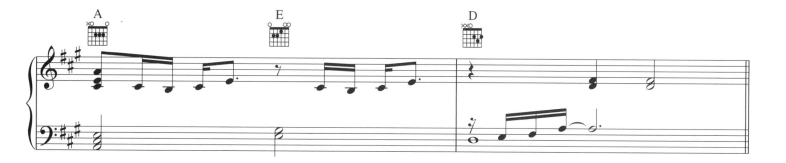

Would you walk__ to the edge of the o - cean _____

just to fill __ my jar __ with __ sand,

just in case ___ I ___ get the no - tion _____ to let it run through my ___

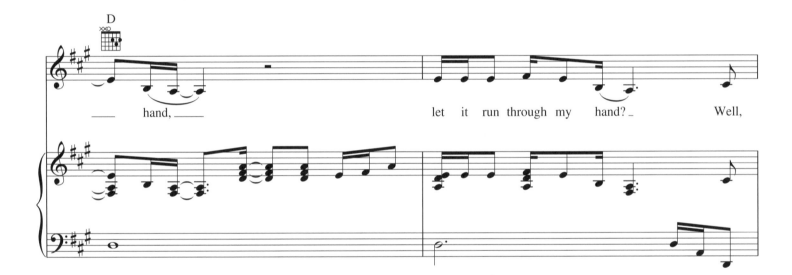

___ hand, _____ let it run through my hand? _ Well,

(D.S.) ___ Well, I don't want ___ the ___ whole world, ___

the sun,__ the moon__ and all__ their _____ light. _____

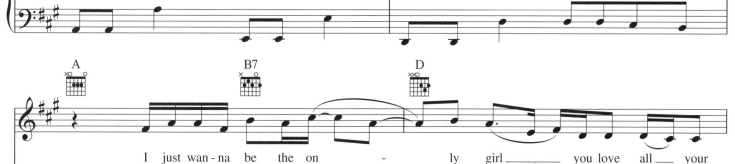

I just wan-na be the on - ly girl _____ you love all __ your

life, _____ you love all your

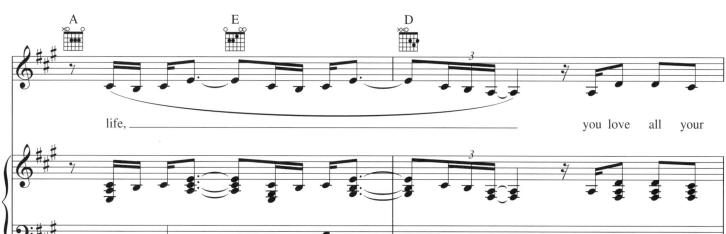

To Coda ⊕

life. _____

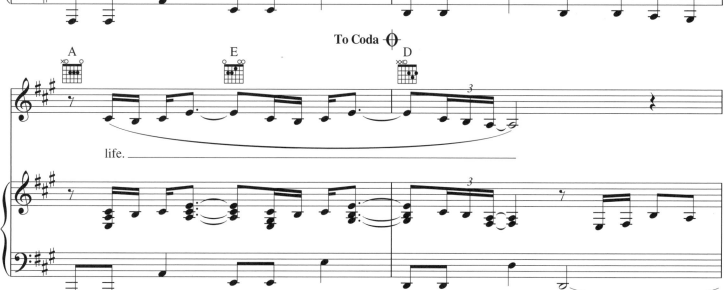

Would you catch a cou-ple thou-sand fire - flies, yeah,

and put 'em in a lamp to light my world,

all dressed up in a tux and bow tie, hand de - liv-ered to a lone -

D.S. al Coda

- ly girl, to a lone - ly, lone - ly girl?

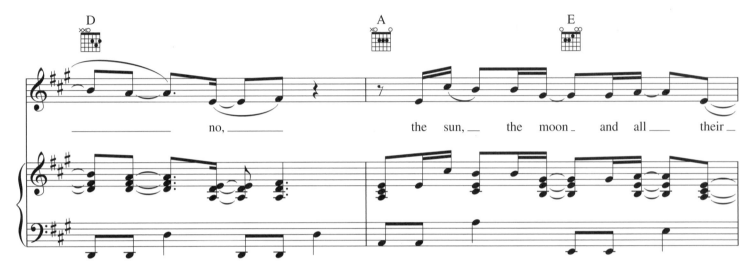

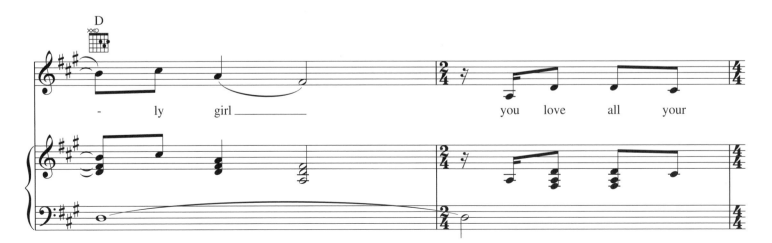

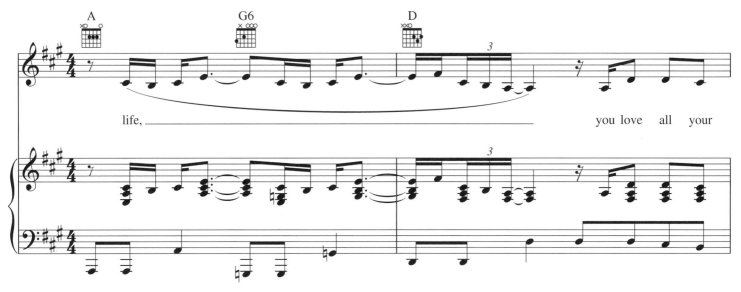

ALL JACKED UP

Words and Music by GRETCHEN WILSON,
VICKY McGEHEE and JOHN RICH

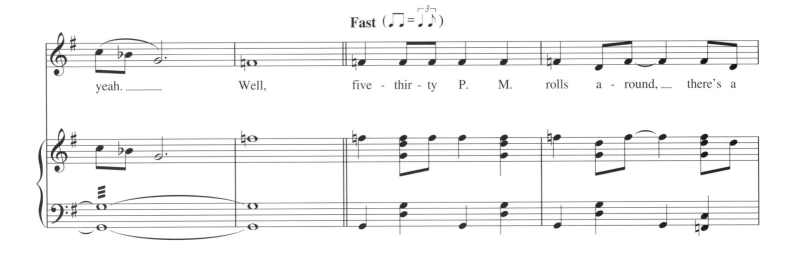

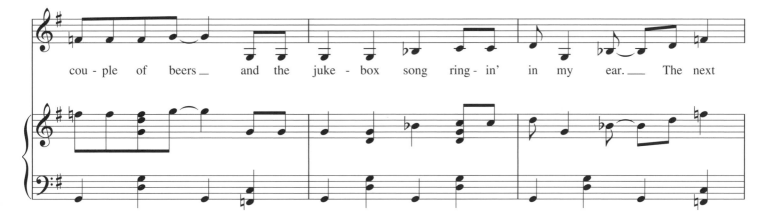

cou - ple of beers ___ and the juke - box song ring - in' in my ear. ___ The next

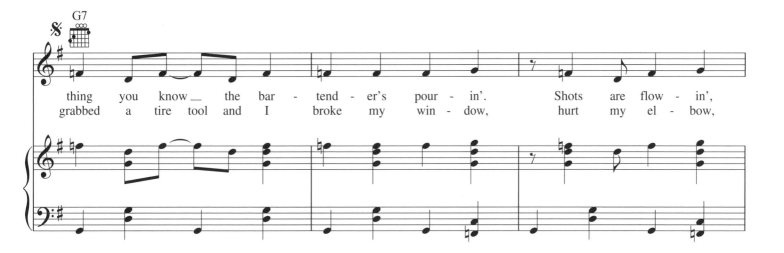

thing you know ___ the bar - tend - er's pour - in'. Shots are flow - in',
grabbed a tire tool and I broke my win - dow, hurt my el - bow,

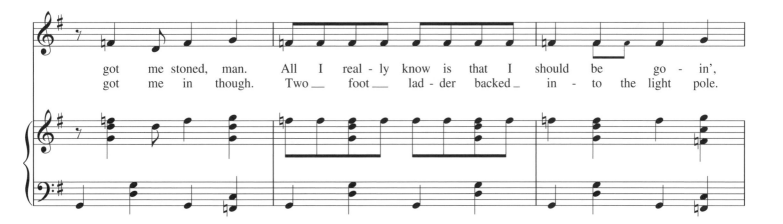

got me stoned, man. All I real - ly know is that I should be go - in',
got me in though. Two ___ foot ___ lad - der backed ___ in - to the light pole.

but I'm soak - in' up the mo - ment. I'm all jacked up,
All the town - folk got a good show. ___ All jacked up,

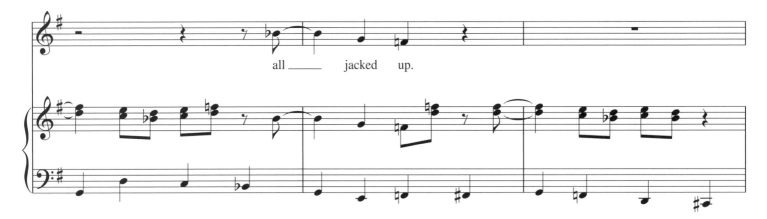

all _____ jacked up.

Don't be - lieve _____ I've ev - er had _____ this much. _____

One thing I've learned, _ when you get tore up, { don't

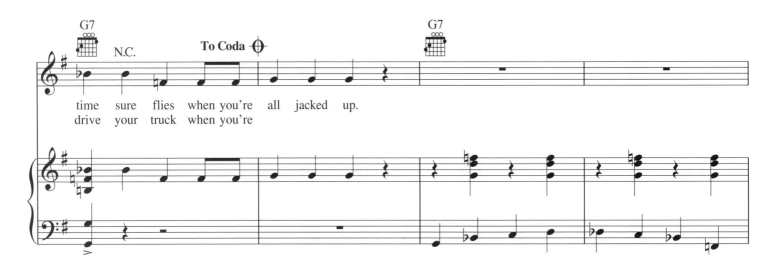

time sure flies when you're all jacked up.
drive your truck when you're

It was get-tin' might-y close to nine o'-clock. What the hell, ___ I'll have one more shot. Then I winked at a boy at the end of the bar. ___ I guess I might-a must-'ve gone a lit-tle too far, 'cause a big ol' girl ___ walked out of the blue, ___

ten - foot - two with a bad at - ti - tude. __ Stepped right up and knocked

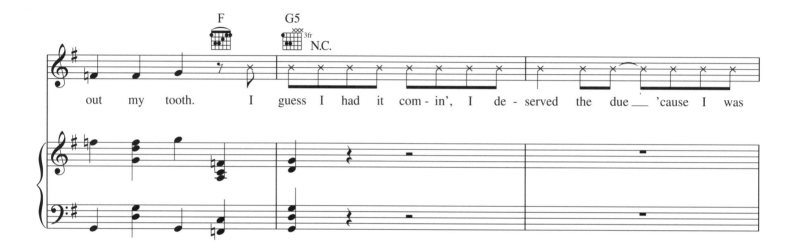

out my tooth. I guess I had it com - in', I de - served the due __ 'cause I was

all jacked up, all __ jacked up.

Don't be - lieve __ I've ev - er had __ this much. __

One thing I've learned, __ when you

get tore up, don't start no stuff when you're all jacked up.

You don't have ___ to go home, but you

can't stay here. That's what they said ___ when I got my last beer.

Oh, my god, it's two o' - clock. I can't find my keys and my

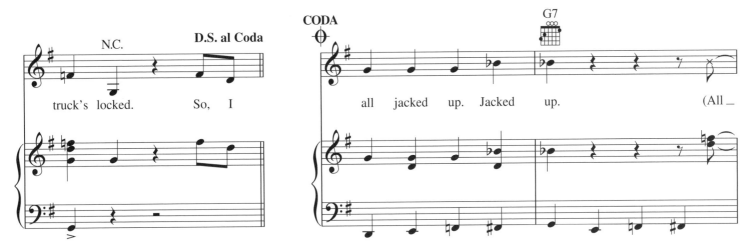

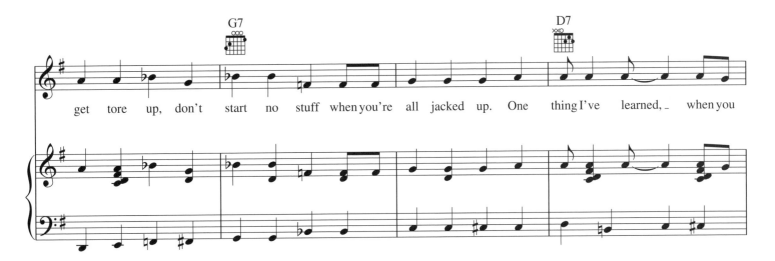

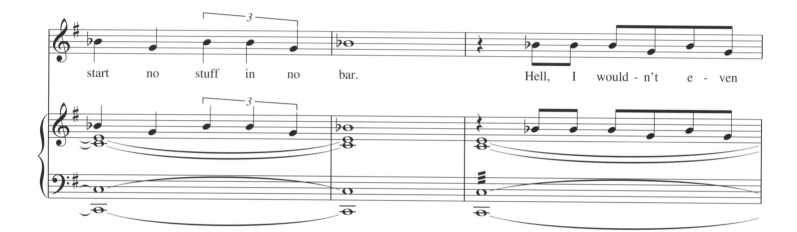

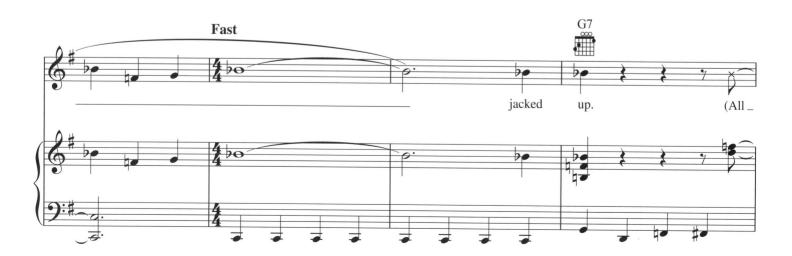

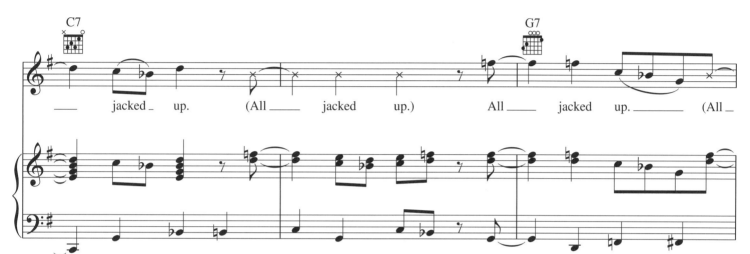

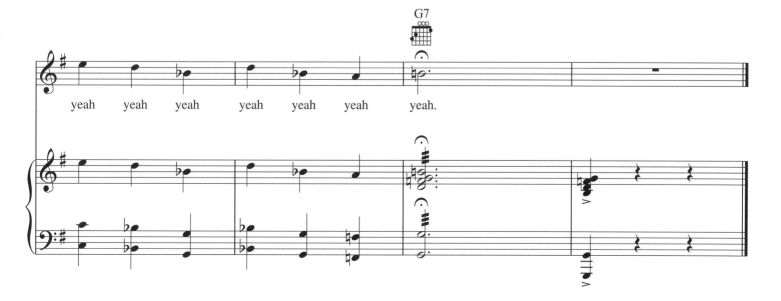

AS IF

Words and Music by SARA SCHELSKE,
HILLARY LINDSEY and JOHN SHANKS

27

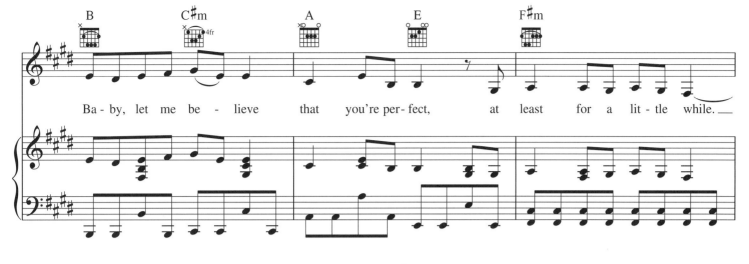

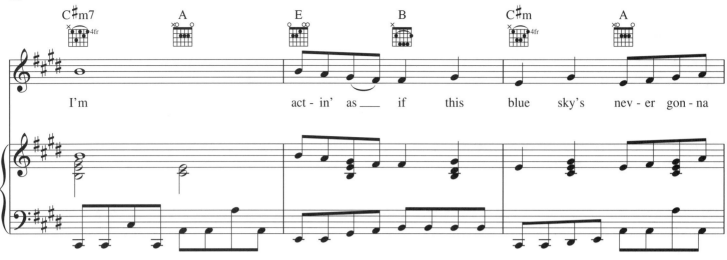

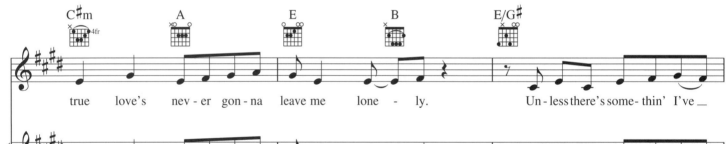

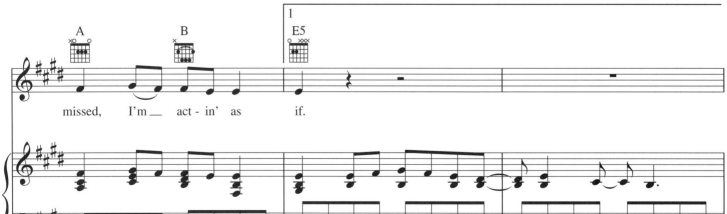

No, if, as if your

sweet kiss is nev - er gon - na fade a - way. ___

And the way you look at me ___ will nev - er

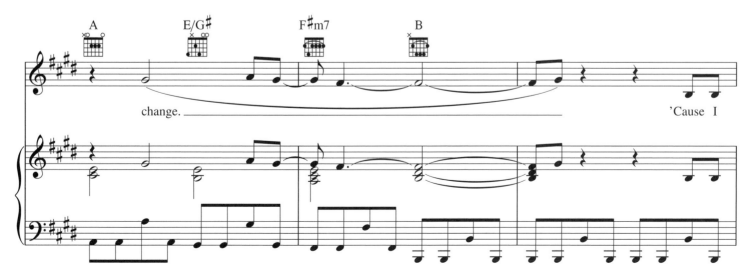

change. _____ 'Cause I

love the way you wear ___ those worn - out blue jeans, walk - in' all a - round ___ in the

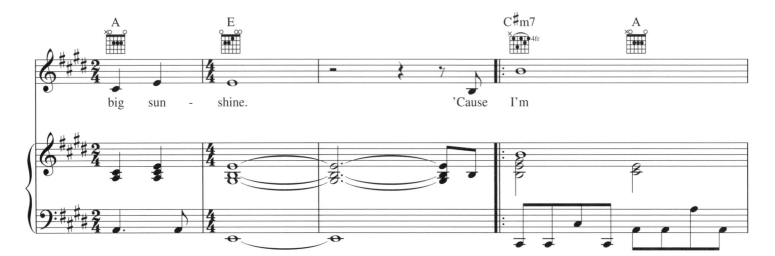

big sun - shine. 'Cause I'm

act - in' as ___ if this blue sky's nev - er gon - na rain down ___ on me. And

I'm tell - in' my - self this true love's nev - er gon - na

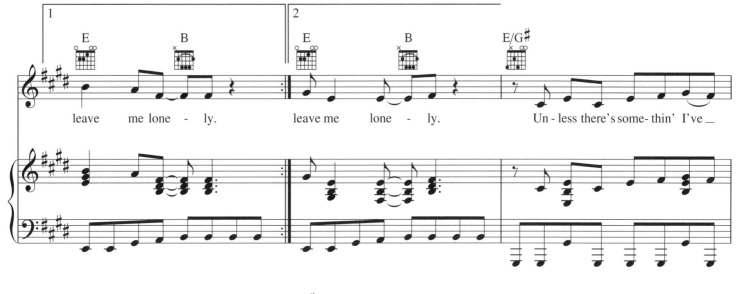

leave me lone - ly. leave me lone - ly. Un - less there's some- thin' I've __

missed, _____ un - less there's some- thin' I've missed, I'm act - in' as

if. Oh, ____ I'm _ act - in' as

if. ____

BAGGAGE CLAIM

Words and Music by MIRANDA LAMBERT,
LUKE LAIRD and NATALIE HEMBY

Moderately fast

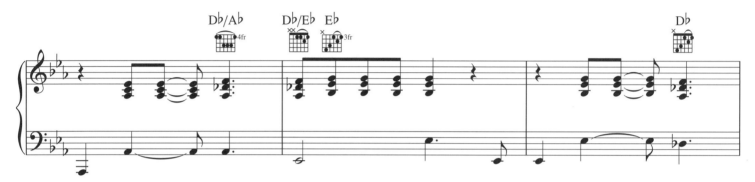

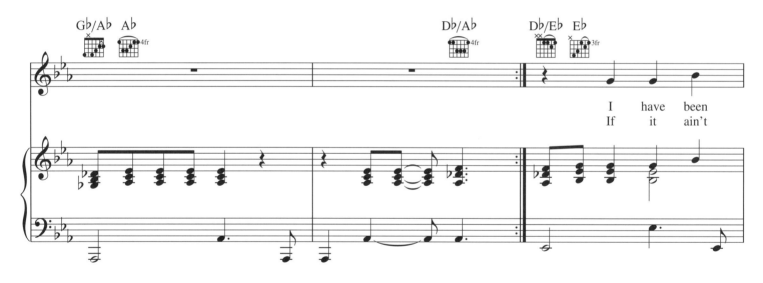

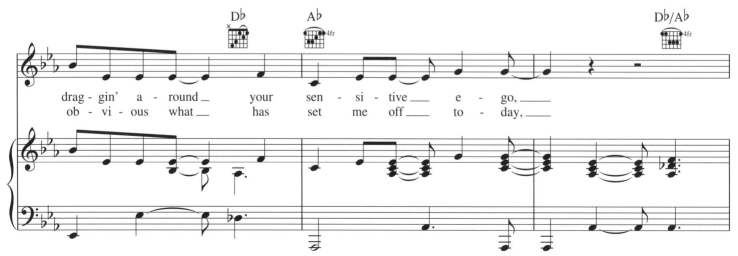

I have been
If it ain't

drag-in' a-round___ your sen-si-tive___ e-go,___
ob-vi-ous what___ has set me off___ to-day,___

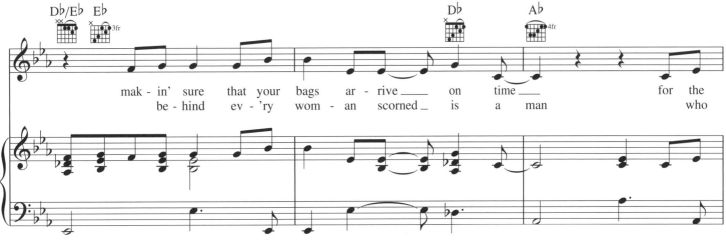

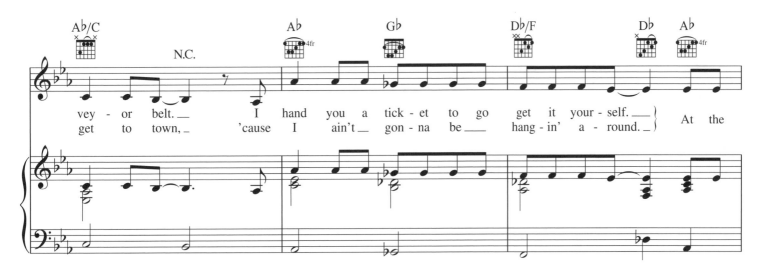

BEFORE HE CHEATS

Words and Music by JOSH KEAR
and CHRIS TOMPKINS

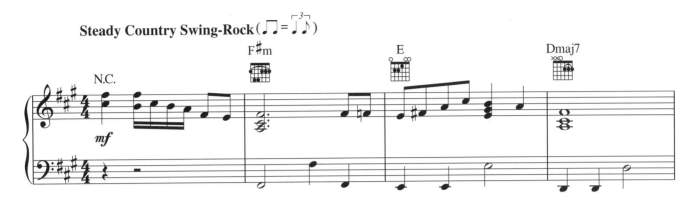

carved my name in - to his leath-er seat. _____ I took a

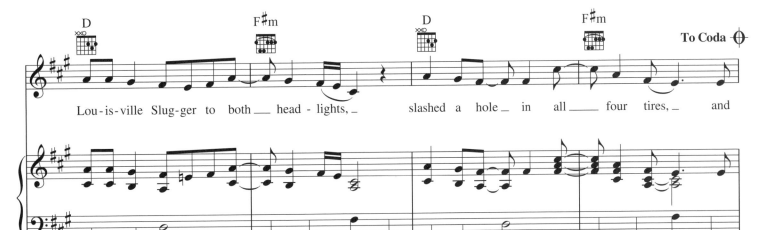

Lou-is-ville Slug-ger to both ___ head-lights, ___ slashed a hole ___ in all ___ four tires, ___ and

may-be next time ___ he'll think _____ be - fore ___ he _____ cheats.

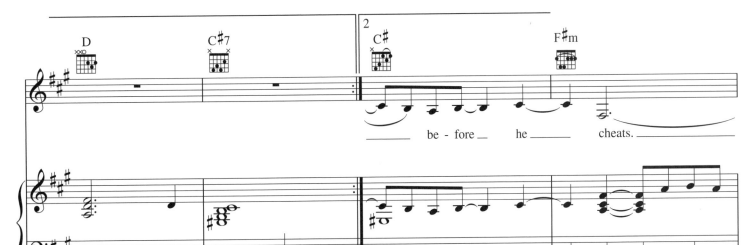

_____ be - fore ___ he _____ cheats. _____

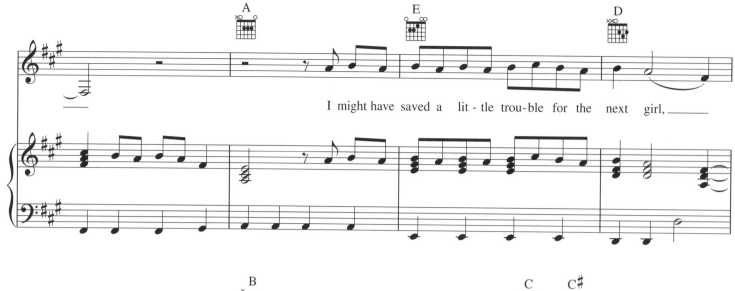

I might have saved a lit-tle trou-ble for the next girl, _____

'cause the next time that he cheats, _____ oh, you know _

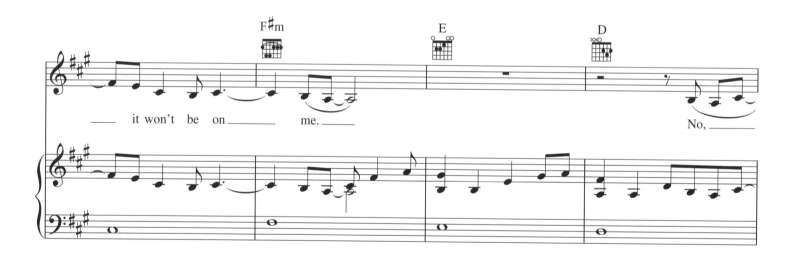

_____ it won't be on _____ me. _____ No, _____

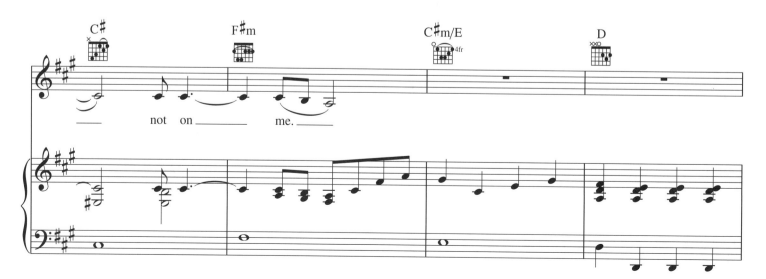

_____ not on _____ me.

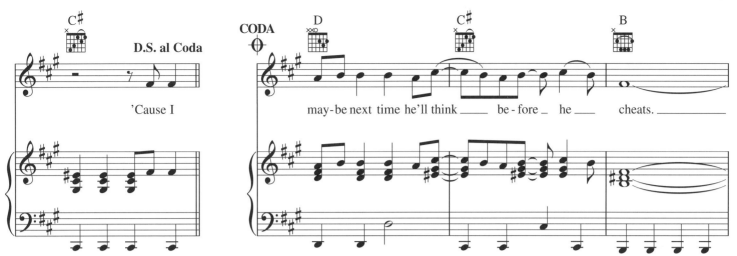

CONCRETE ANGEL

Words and Music by STEPHANIE BENTLEY
and ROB CROSBY

and the rain___ she stands hard___ as a stone___ in a world___ that she can't___ rise a - bove.___

___ But her dreams___ give her wings___ and she flies___ to a place___ where she's loved.___

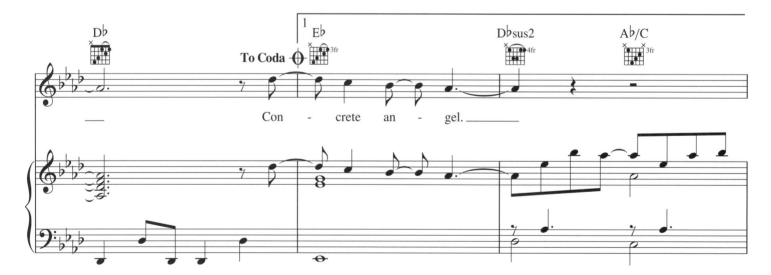

To Coda

___ Con - crete an - gel.___

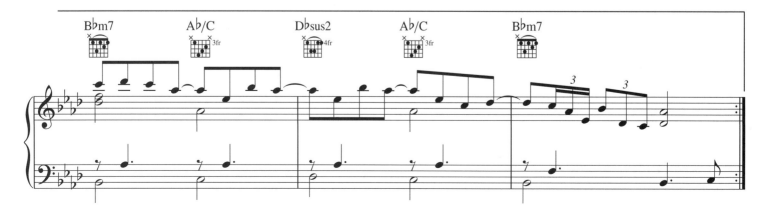

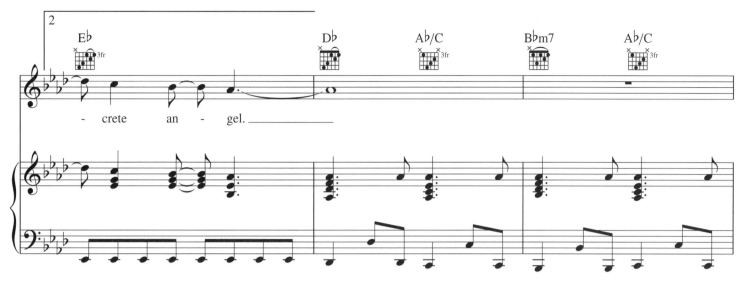

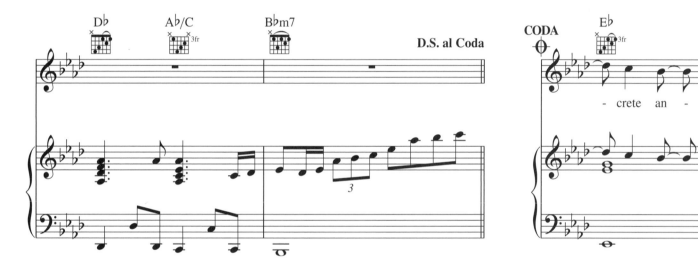

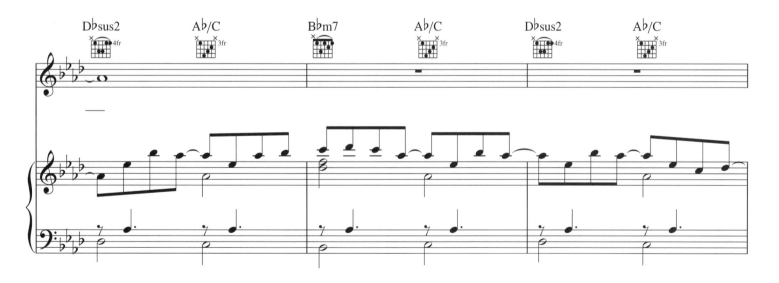

COWBOY CASANOVA

Words and Music by MIKE ELIZONDO,
BRETT JAMES and CARRIE UNDERWOOD

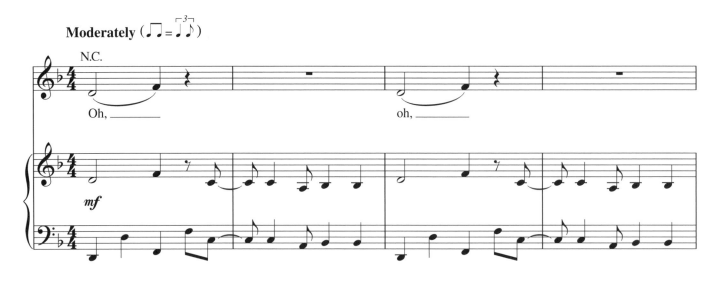

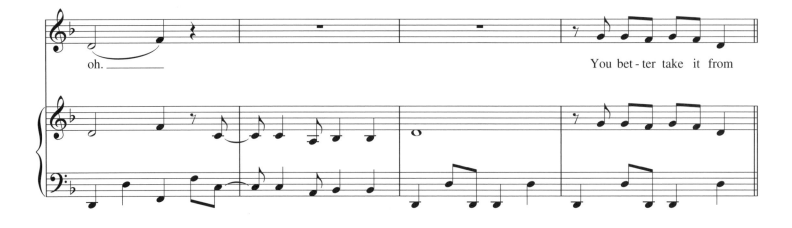

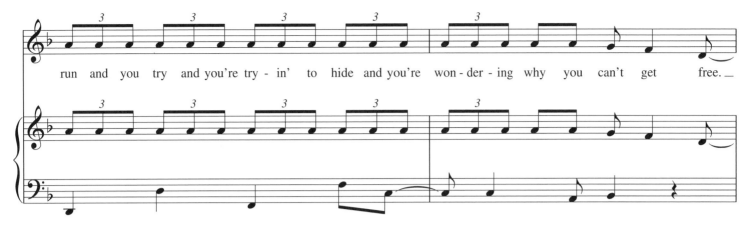

run and you try and you're try - in' to hide and you're won - der - ing why you can't get free.

He's like a curse, he's like a drug.

You get ad - dict - ed to his love. You

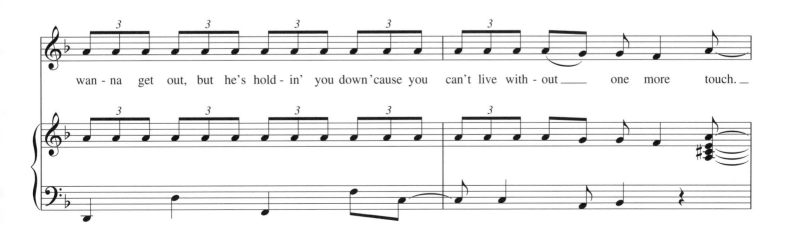

wan - na get out, but he's hold - in' you down 'cause you can't live with - out one more touch.

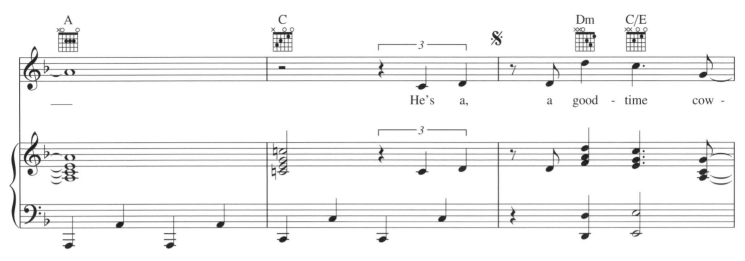

He's a, a good-time cow-

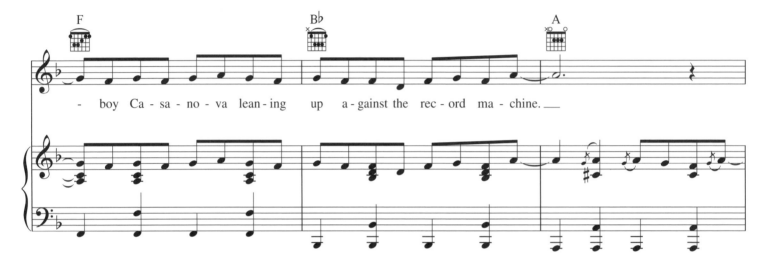

-boy Ca-sa-no-va lean-ing up a-gainst the rec-ord ma-chine.

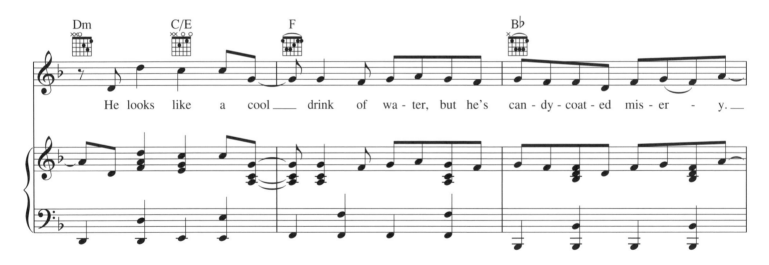

He looks like a cool drink of wa-ter, but he's can-dy-coat-ed mis-er-y.

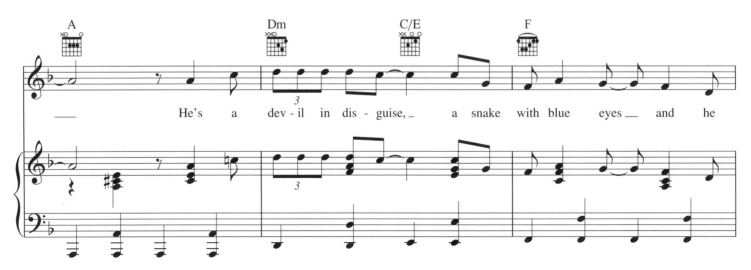

He's a dev-il in dis-guise, a snake with blue eyes and he

on-ly comes out at night. Gives you feel-ings that you don't wan-na fight.

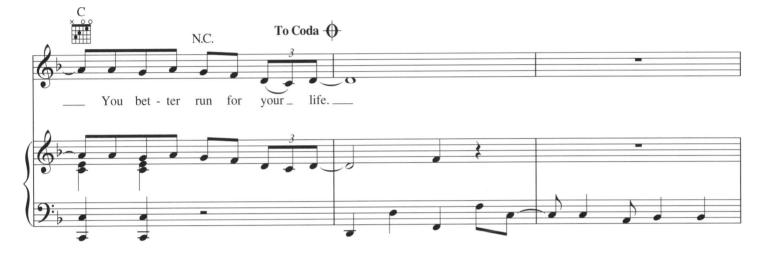

To Coda ⊕

You bet-ter run for your life.

Oh, oh.

I see that look on your face. You ain't hear-ing what I

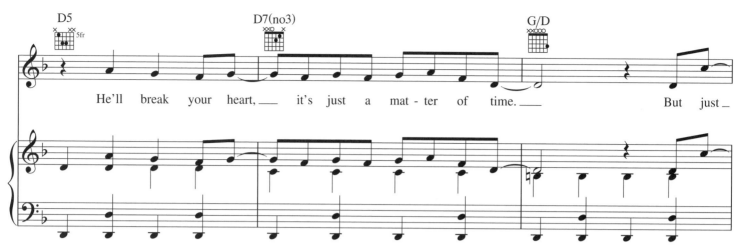

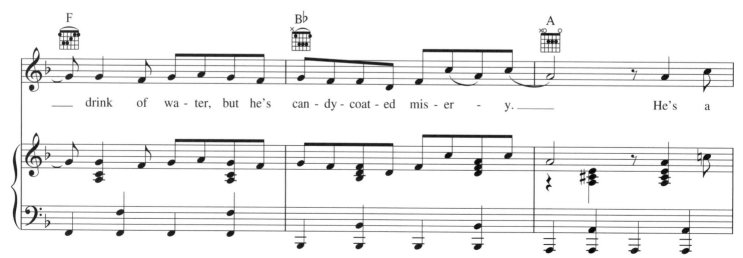

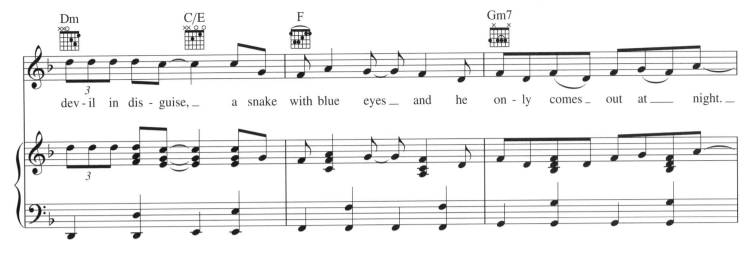

dev-il in dis-guise, _ a snake with blue eyes _ and he on-ly comes _ out at _ night. _

Gives you feel-ings that you don't wan-na fight. _ You bet-ter run for your _ life. _

Oh, _ you bet-ter run for your _ life. _ Oh, _ you bet-ter run for your _

life. _

GIRLS LIE TOO

Words and Music by CONNIE HARRINGTON,
KELLEY LOVELACE and TIM NICHOLS

Says she

your- self, this may come as a shock ___ to you. _____
could it be an - y bet - ter than it is with you? _____

Girls ___ lie, too ___ and we don't care ___ how much

mon-ey you make or what you drive ___ or what ___ you weigh. ___

Size ___ don't mat - ter an - y - way. Girls ___ lie, too. ___

Girls _ lie, too. _____

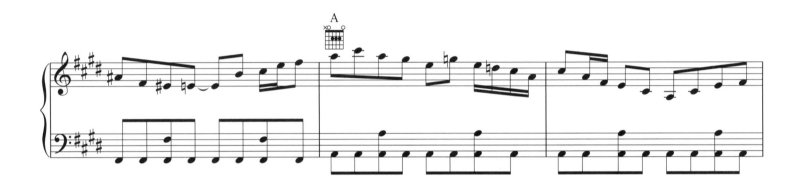

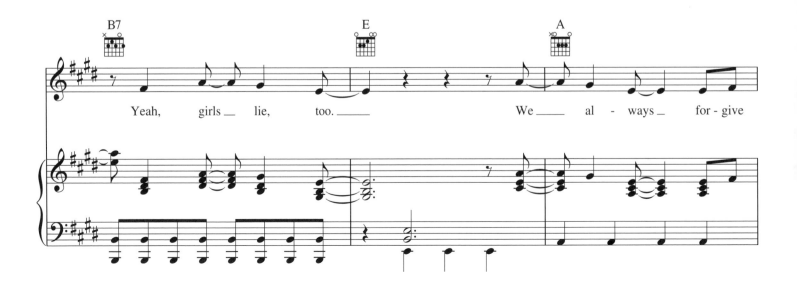

Yeah, girls _ lie, too. _____   We ____ al - ways _ for - give

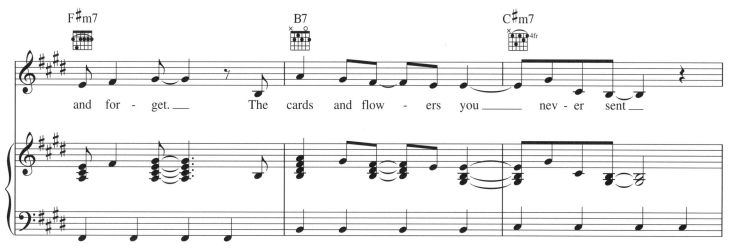

and for - get. ___ The cards and flow - ers you ___ nev - er sent ___

D.S. al Coda

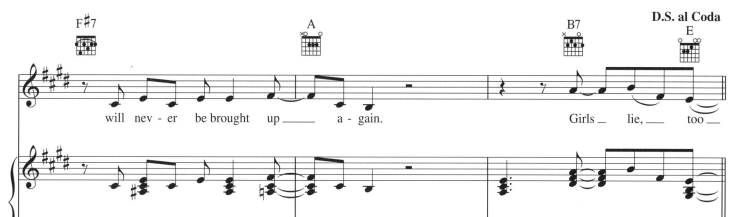

will nev - er be brought up ___ a - gain. Girls ___ lie, ___ too ___

CODA

girls _ lie, too, ___ yeah, that's ___ the truth, _

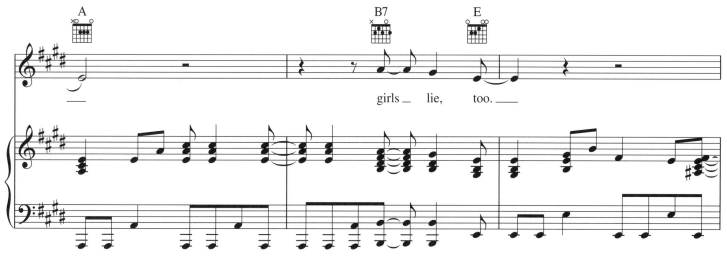

___ girls _ lie, too. ___

Spoken: No, we don't care how much hair you have.

Yeah, that looks GOOD!   *Comb it over like THAT!*

Repeat and Fade

Optional Ending

HEART LIKE MINE

Words and Music by MIRANDA LAMBERT,
ASHLEY MONROE and TRAVIS HOWARD

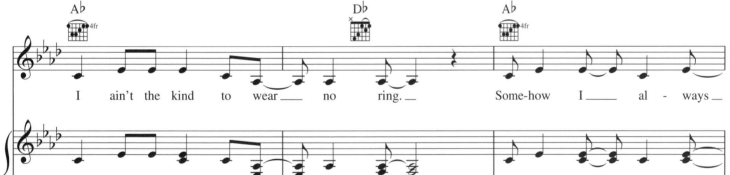

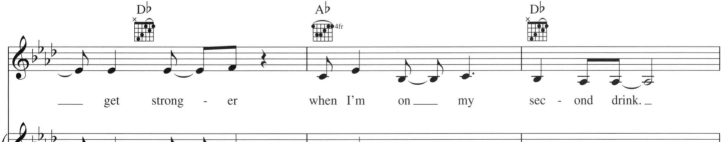

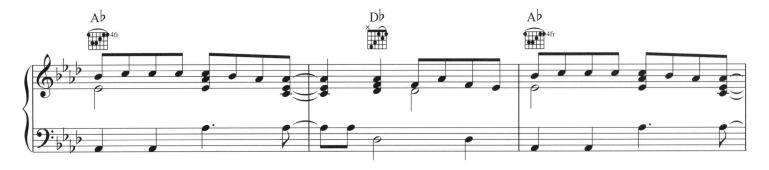

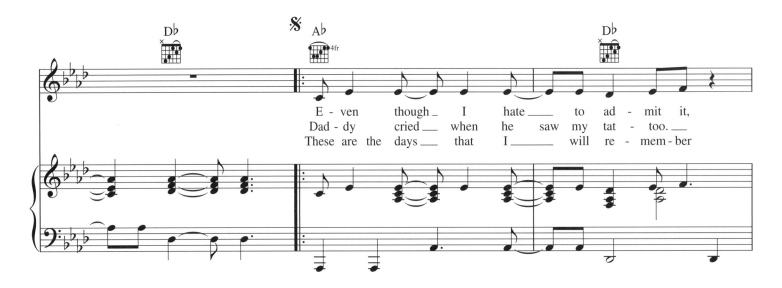

E - ven though _ I hate _ to ad - mit it,
Dad - dy cried _ when he saw my tat - too. _
These are the days _ that I _ will re - mem - ber

some - times I _ smoke cig - ar - ettes.
Said he loved _ me an - y - way.
when my name's _ called on the roll.

Chris - tian folk _ say I _
My broth - er got _ the brains _
They'll meet me with _ two long -

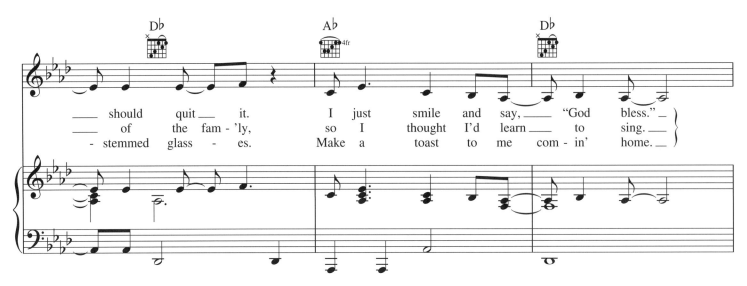

_ should quit _ it.
_ of the fam - 'ly,
- stemmed glass - es.

I just smile and say, _ "God bless." _
so I thought I'd learn _ to sing. _
Make a toast to me com - in' home. _

'Cause I heard Je - sus, He _

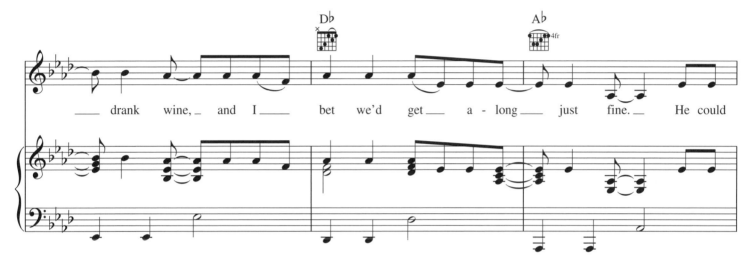

_ drank wine, _ and I _ bet we'd get _ a - long _ just fine. _ He could

calm a storm _ and heal _ the blind, _ and I _ bet He'd un - der - stand _

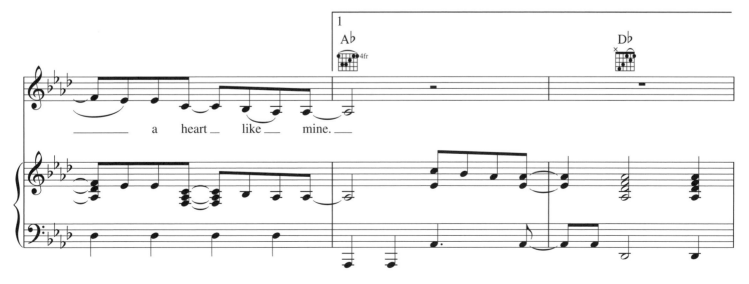

_ a heart _ like _ mine. _

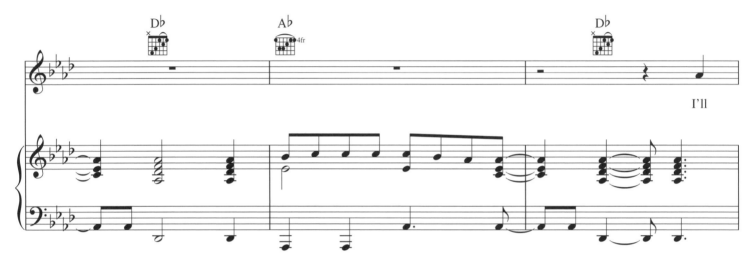

I'll

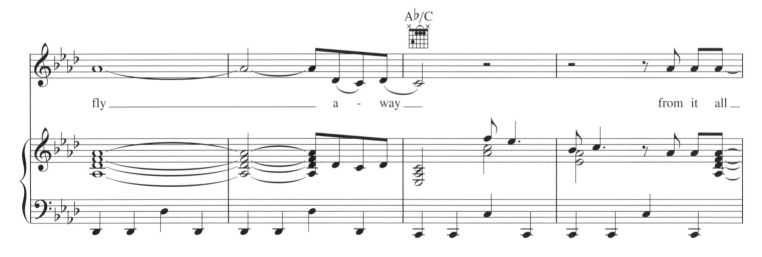

fly _____ a - way _____ from it all _____

one ____ day. _____

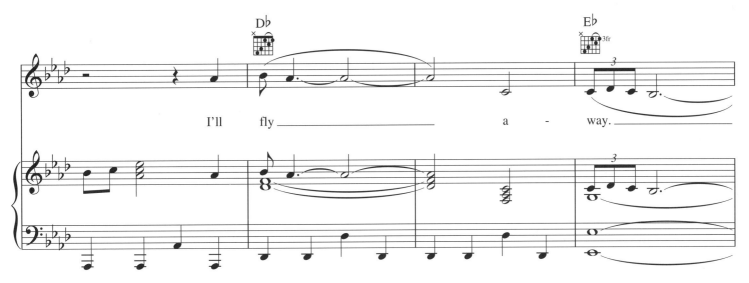

I'll fly _____ a - way. _____

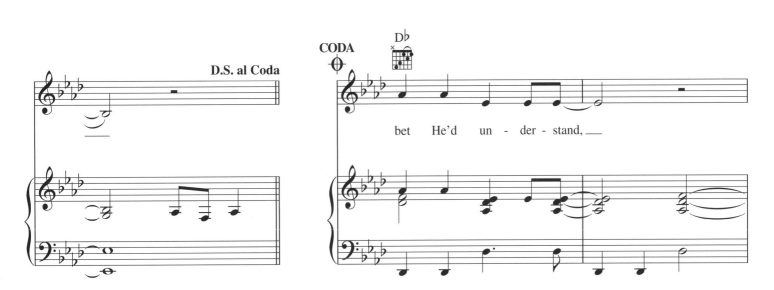

D.S. al Coda

CODA

bet He'd un - der - stand, ___

un - der - stand ___ a heart ___ like ___ mine. ___

Play 3 times

GUNPOWDER & LEAD

Words and Music by MIRANDA LAMBERT
and HEATHER LITTLE

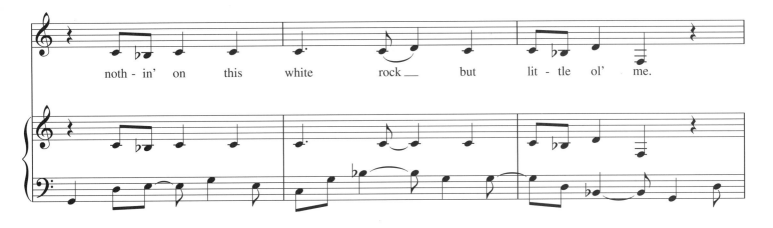

noth - in' on this white rock ___ but lit - tle ol' me.

I got two miles ___ till ___

he makes bail. And if ___ I'm right, ___

___ we're head - ed straight ___ for hell. ___

I'm go - in' home, gon - na load my shot - gun; wait by the door ___ and light a ___

___ cig - a - rette. ___ He wants a fight, ___ well, now ___ he's got ___ one.

He ain't seen ___ me cra - zy yet. ___ Slapped my face ___ and

shook me like a rag doll. Don't that sound ___ like a ___ real ___ man? ___

I'm gon-na show___ him what a lit - tle girl's made of: gun - pow - der and lead. ___

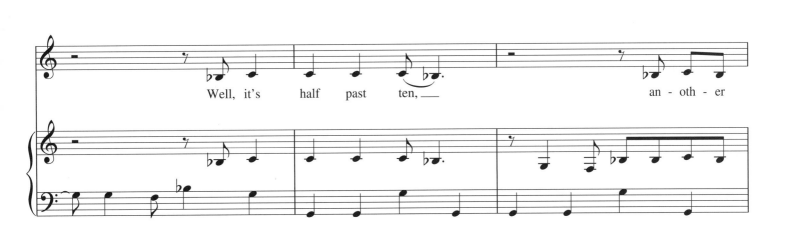

Well, it's half past ten, ___ an - oth - er

six - pack in. I can feel the rum -

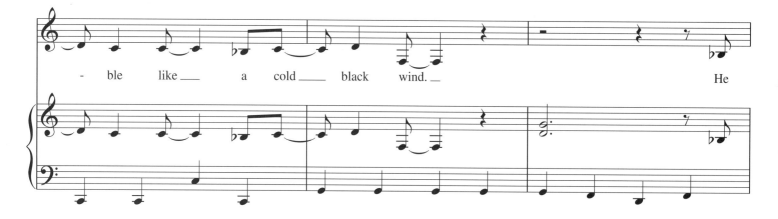

-ble like ___ a cold ___ black wind. ___ He

pulls in the drive, ___ grav - el flies. ___

He don't know ___ what's wait - in' here ___ this time. ___

D.S. al Coda

CODA

Hey, ___

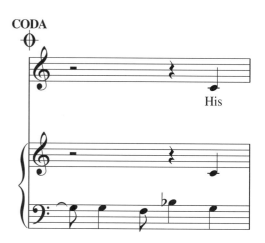

His

fist is big, ___ but my ___ gun's big - ger.

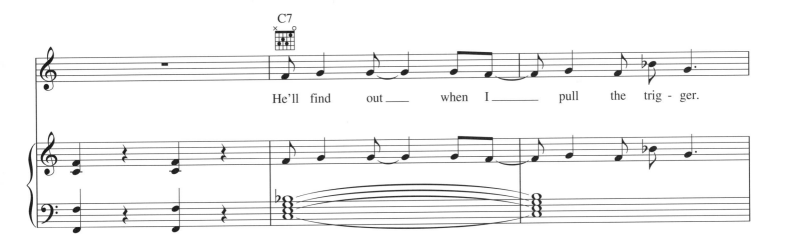

He'll find out ___ when I ___ pull the trig - ger.

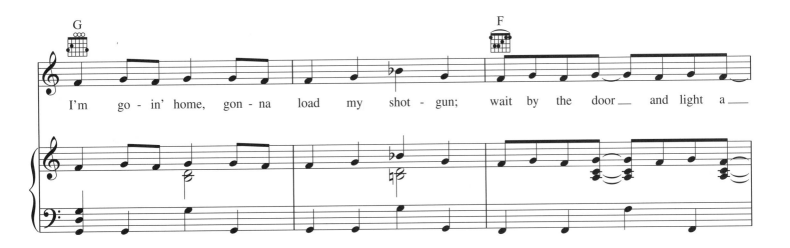

I'm go - in' home, gon - na load my shot - gun; wait by the door ___ and light a ___

___ cig - a - rette. ___ He wants a fight, ___ well, now ___ he's got ___ one.

He ain't seen ___ me cra - zy yet. ___ Slapped my face ___ and

shook me like a rag doll. Don't that sound ___ like a _____ real ___ man? ___

I'm gon - na show ___ him what a lit - tle girl's made of: gun - pow - der and,

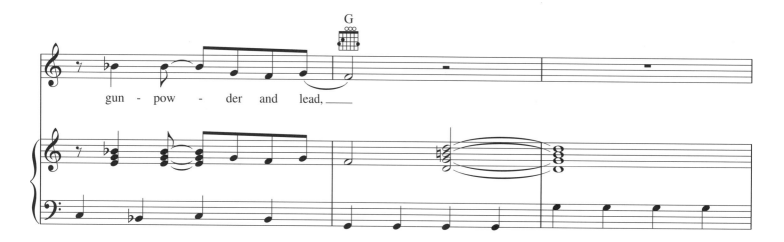

gun - pow - der and lead, ___

gun - pow - der and lead.

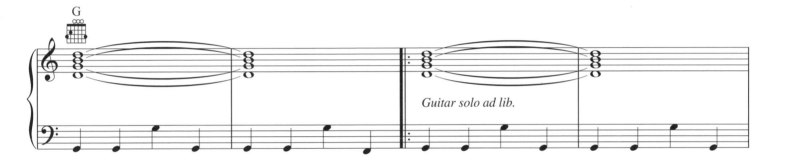

Guitar solo ad lib.

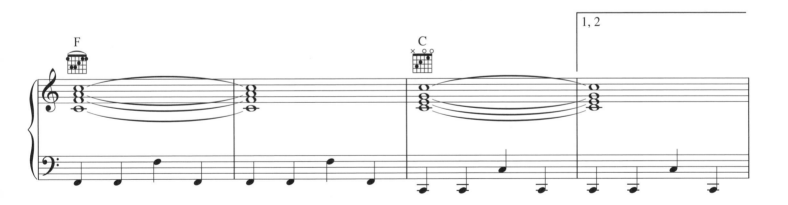

1, 2

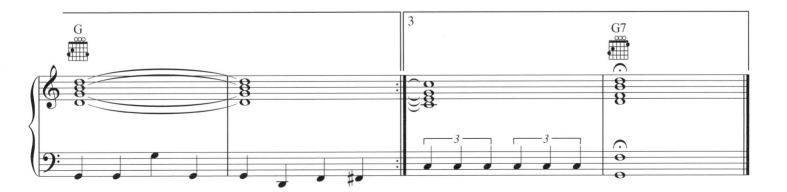

3

THE HOUSE THAT BUILT ME

Words and Music by TOM DOUGLAS
and ALLEN SHAMBLIN

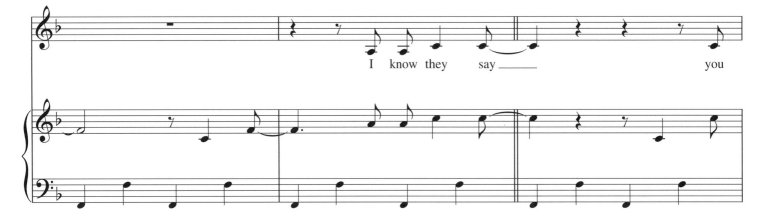

I know they say _____ you

can't go home a - gain. ___

Am

I just had to come ___ back one last time.

Bb

Ma'am, I know ___ you don't know ___ me from

F/C

Ad - am, but these hand - prints on the front ___

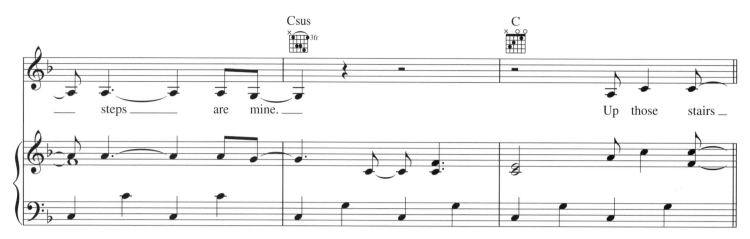

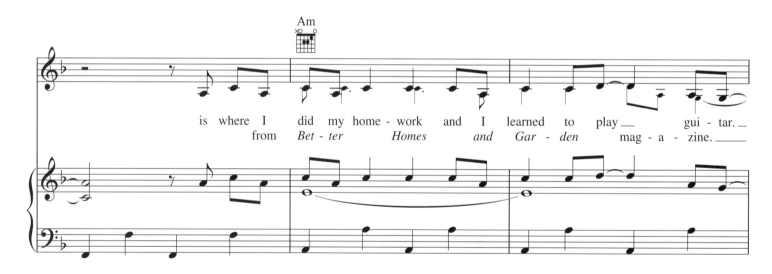

poured; and nail ___ by nail and board ___ by board, ___ my

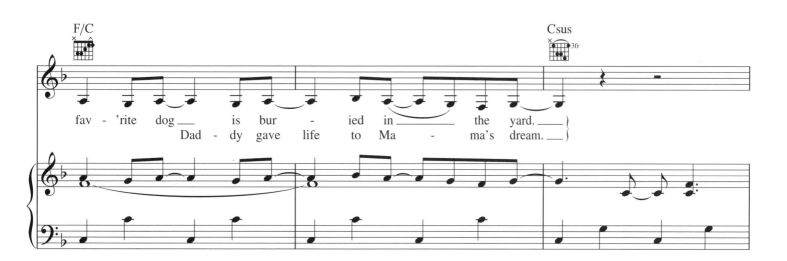

fav - 'rite dog ___ is bur - ied in ___ the yard. ___
Dad - dy gave life to Ma - ma's dream. ___

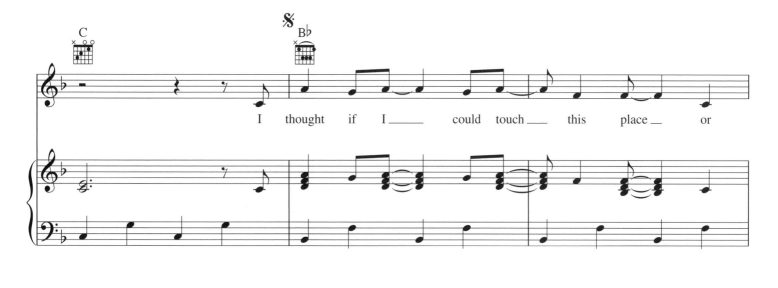

I thought if I ___ could touch ___ this place ___ or

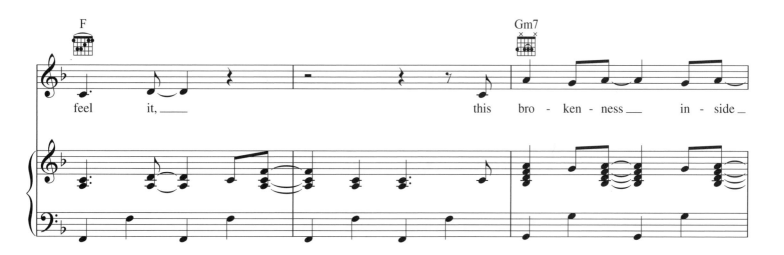

feel it, ___ this bro - ken - ness ___ in - side ___

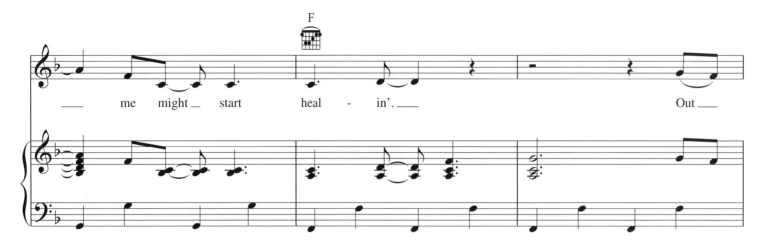

_____ me might _____ start heal - in'. _____ Out _____

here it's like I'm some - one else. _____ I thought that may - be I could

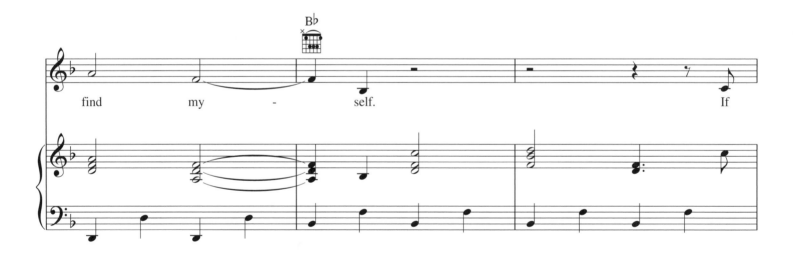

find my - self. If

((1.,2.) I could just _____ come in, _____ I swear _____ I'll leave. _____}
{(D.S.) I could walk a - round, _____ I swear _____ I'll leave. _____}

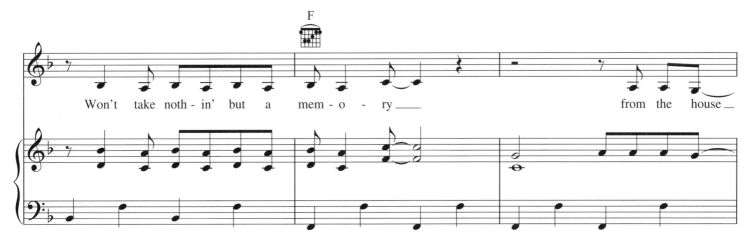

Won't take noth - in' but a mem - o - ry ___ from the house ___

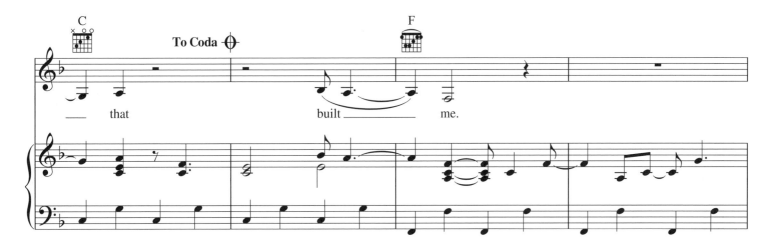

To Coda ⊕

___ that built ___ me.

1

2

Ma - ma

You

leave home, ___ you move ___ on ___ and you do the best ___ you can. ___

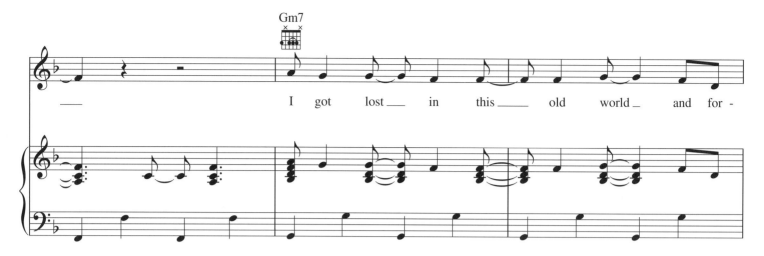

I got lost ___ in this ___ old world _ and for-

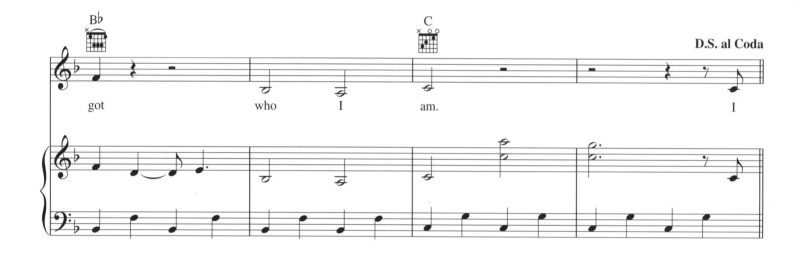

got who I am. I

D.S. al Coda

CODA

built _____ me.

IT HAPPENS

Words and Music by KRISTIAN BUSH,
BOBBY PINSON and JENNIFER NETTLES

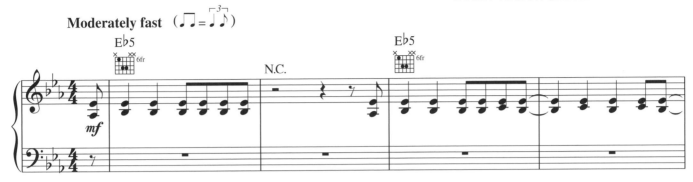

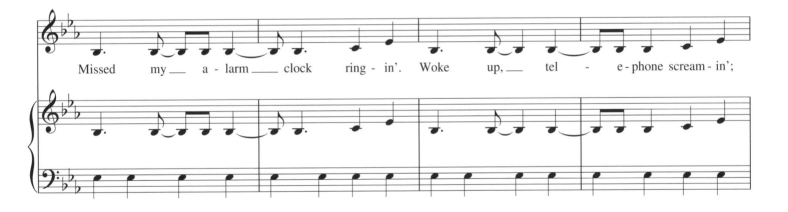

Missed my a-larm clock ring-in'. Woke up, tel - e-phone scream-in';

boss man sing - in' his same ol' song.

Drove in ___ late ___ a-bout an hour, ___ no cup ___ of cof - fee, no show - er,

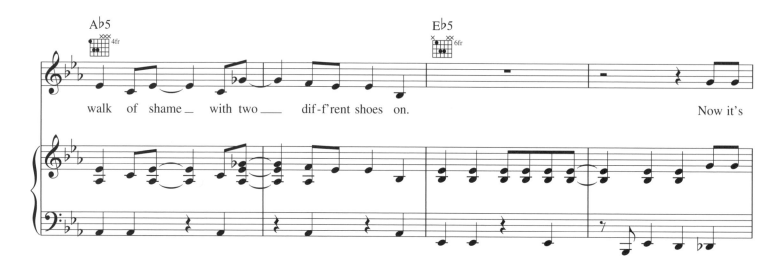

Ab5   Eb5

walk of shame ___ with two ___ dif-f'rent shoes on.   Now it's

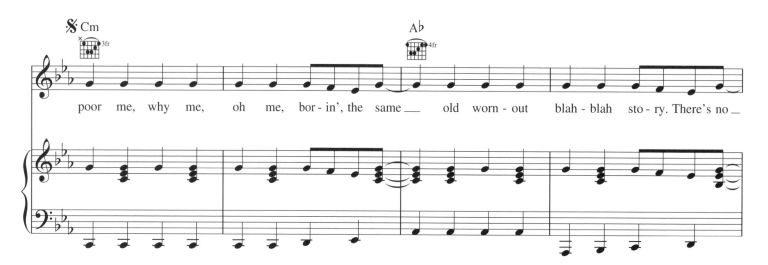

Cm   Ab

poor me, why me, oh me, bor - in', the same ___ old worn - out blah blah sto - ry. There's no ___

Eb   Bb

___ good ex - pla - na - tion for it at all. _____

Ain't no rhyme __ or rea - son, no com - pli - cat - ed mean - in'.

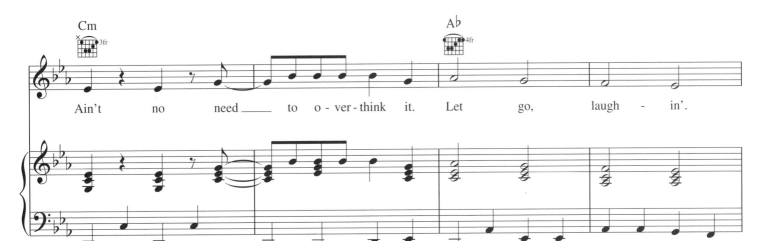

Ain't no need __ to o - ver - think it. Let go, laugh - in'.

Life don't go quite __ like you planned it. We try so hard __

__ to un - der - stand it. The ir - re - fut - a - ble, in - dis - put - a - ble

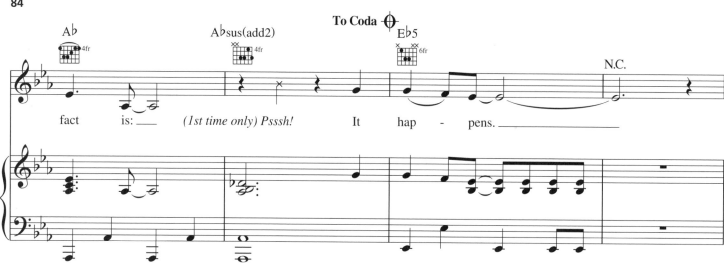

fact is: ___ *(1st time only) Psssh!* It hap - pens. _____

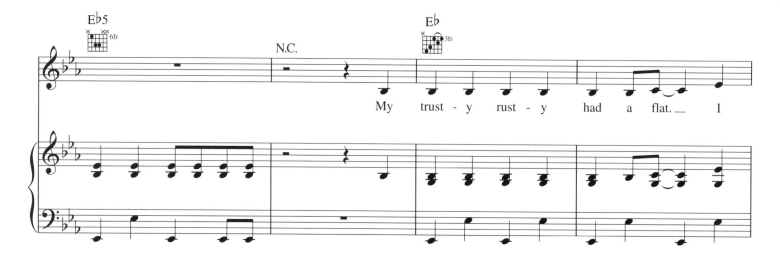

My trust - y rust - y had a flat. ___ I

bor - rowed my neigh - bor's Cad - il - lac, ___ "I'll be ___ right back; ___ go -

- in' down to Wal - ly World." ___ That

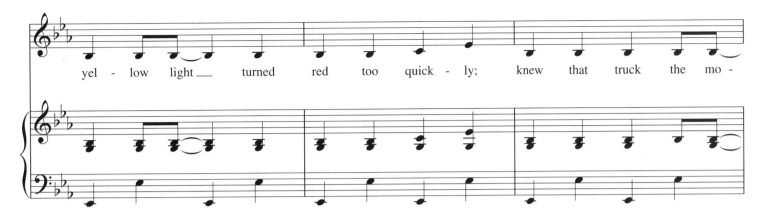

yel - low light __ turned red too quick - ly; knew that truck the mo -

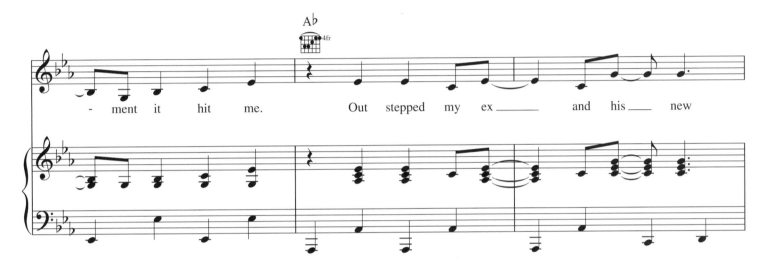

Ab

- ment it hit me. Out stepped my ex __ and his __ new

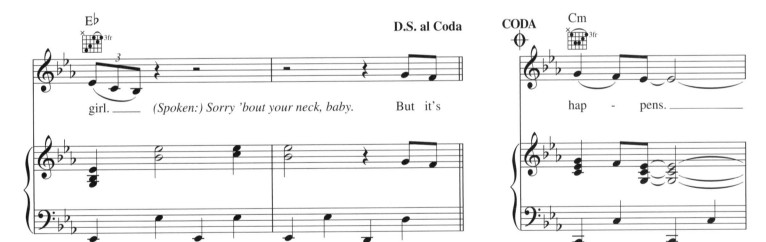

Eb   D.S. al Coda   CODA   Cm

girl. __ *(Spoken:) Sorry 'bout your neck, baby.* But it's   hap - pens. __

Ab   Eb

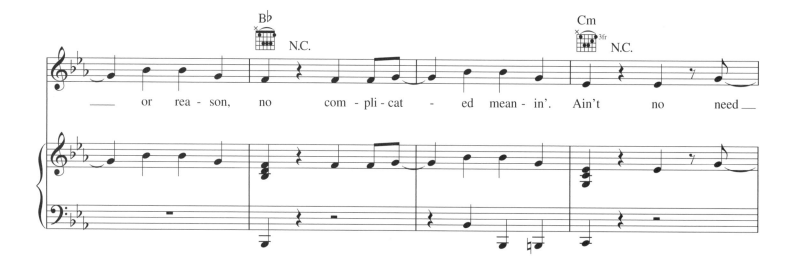

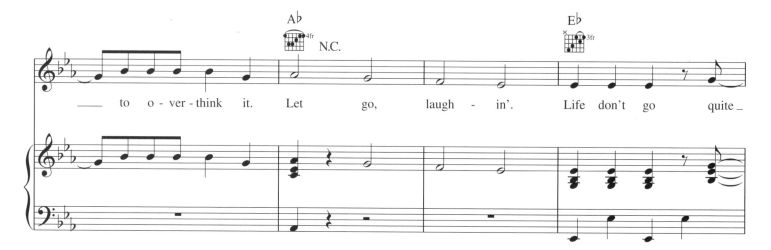

in - dis - put - a - ble fact is, ___ yeah, ___ the ___ ir - re - fut - a - ble,

in - dis - put - a - ble, ab - so - lut - a - ble, to - tal - ly beau - ti - ful fact is: ___

Psssh! It hap - pens. _____

JUST A KISS

Words and Music by HILLARY SCOTT,
DALLAS DAVIDSON, CHARLES KELLEY
and DAVE HAYWOOD

Moderately slow

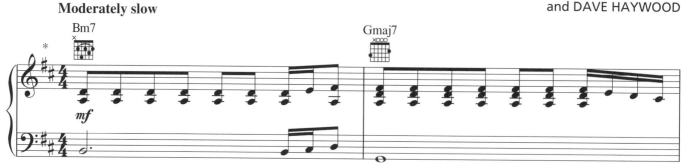

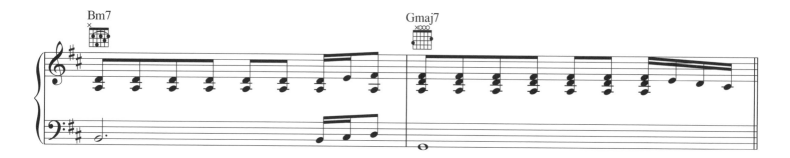

Female:
Ly - in' here __ with you __ so close to me, __ it's hard to fight __ these feel-

- in's when it feels __ so hard to breathe. __ I'm caught up in ___ this mo-

* Recorded a half step lower.

- ment, I'm caught up in ___ your smile. *Male:* I've

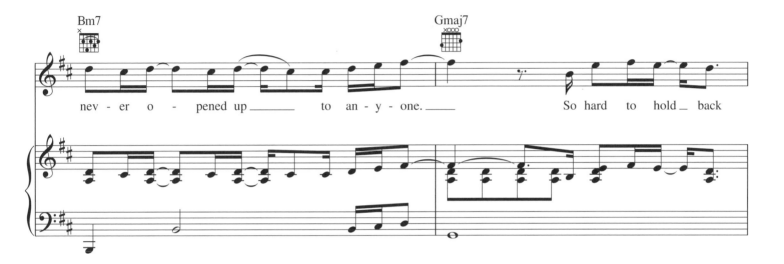

nev - er o - pened up ___ to an - y - one. ___ So hard to hold ___ back

when I'm hold - in' you ___ in ___ my ___ arms. ___ *Both:* We don't need ___ to rush ___

___ this. Let's ___ just take ___ it slow. ___

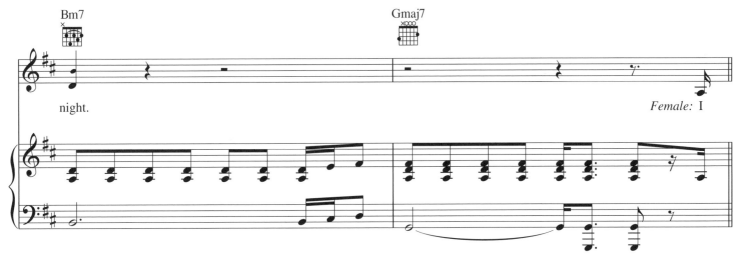

night.

Female: I

know that if ___ we give ___ this a lit - tle time, ___ *Both:* it - 'll on - ly bring ___ us clos-

- er to the love ___ we wan - na find. ___ *Female:* It's nev - er felt ___ so real. ___

Male: No, it's nev - er ___ felt ___ so ___ right. ___ *Both:*

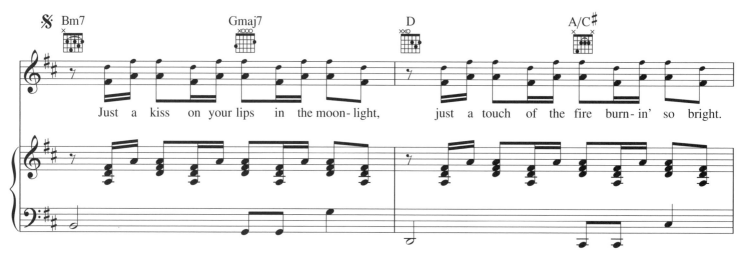

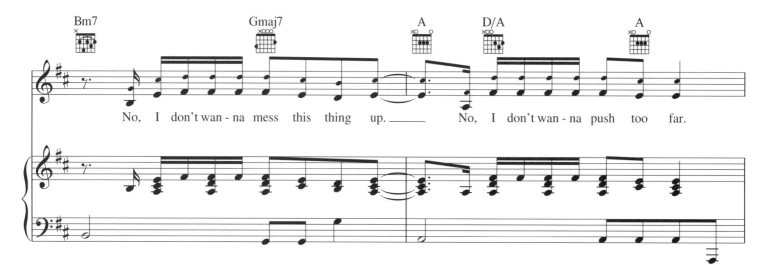

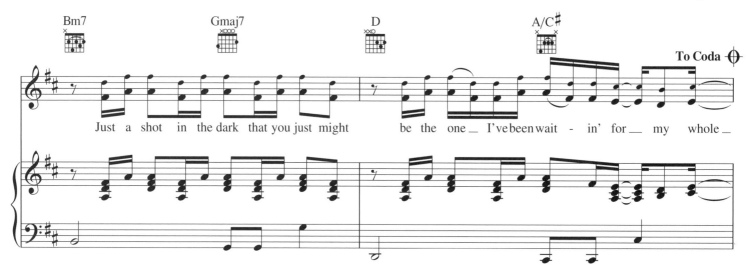

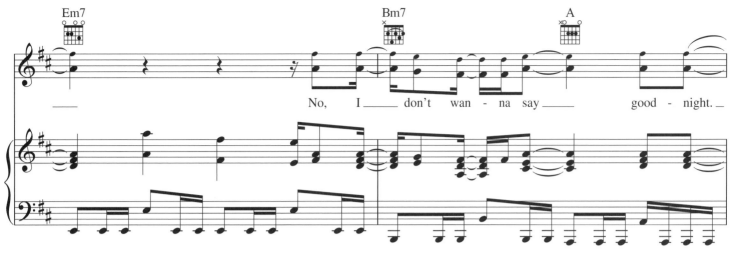

No, I _____ don't wan - na say _____ good - night. ___

Male: I know it's time __ to leave, ___ *Both:* but you'll __

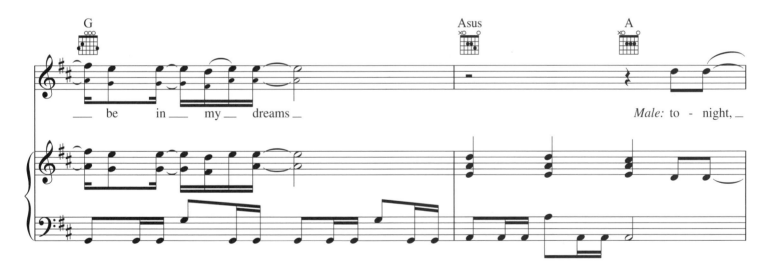

__ be in __ my __ dreams ___ *Male:* to - night, __

Female: to - night, _____ *Both:* to - night. __

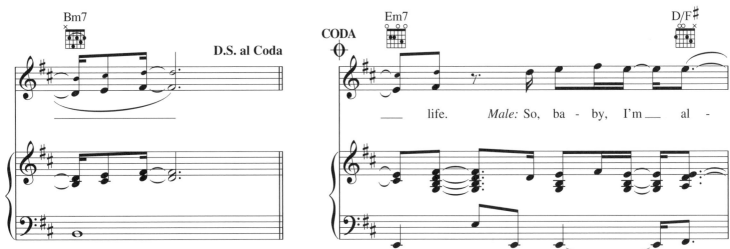

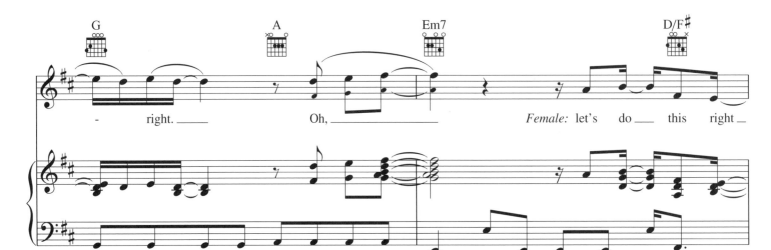

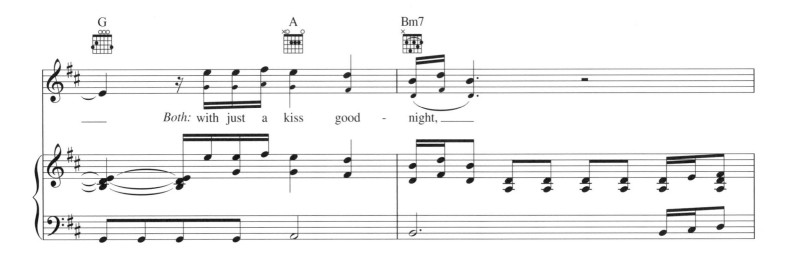

MEAN

Words and Music by
TAYLOR SWIFT

Moderately fast

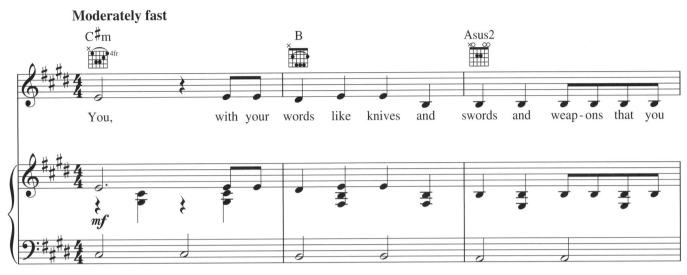

You, with your words like knives and swords and weap-ons that you

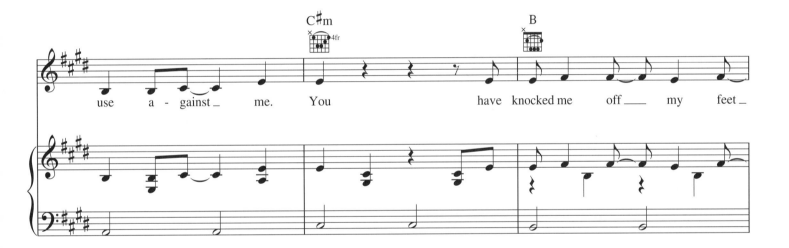

use a-gainst me. You have knocked me off my feet a-gain, got me feel-ing like a noth-ing. You, with your

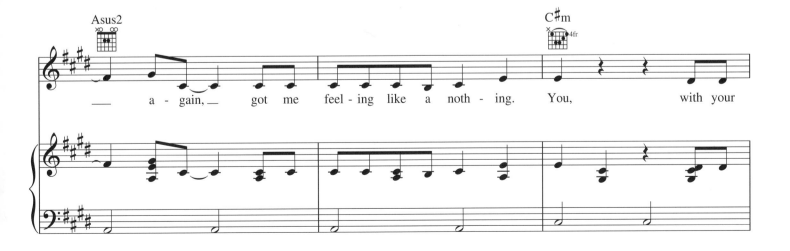

voice like nails on a chalk-board call-ing me out____ when I'm wound-ed.

You, pick-ing on the weak-er man.____

Well, you can take me down____

with just___ one sin - gle___ blow.____

But you ___ don't know ___ what you ___ don't know. ___

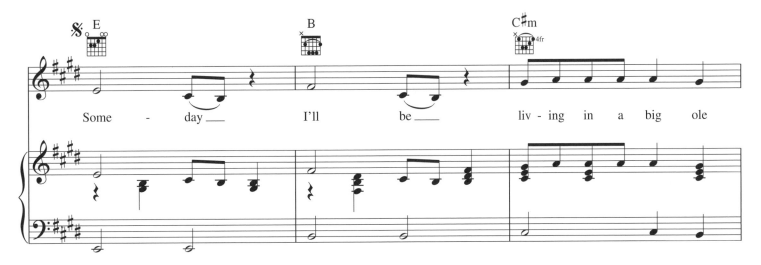

Some - day ___ I'll be ___ liv - ing in a big ole

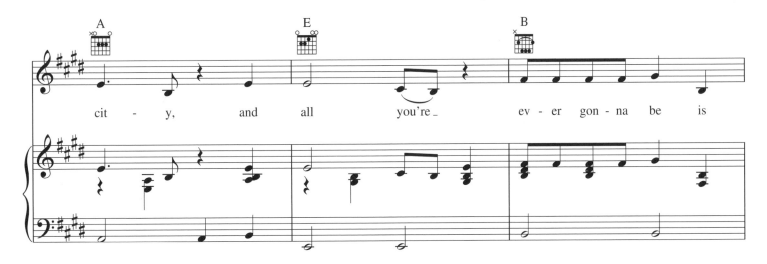

cit - y, and all you're ___ ev - er gon - na be is

mean. Some - day ___

I'll be _____ big e-nough so you can't hit me, and

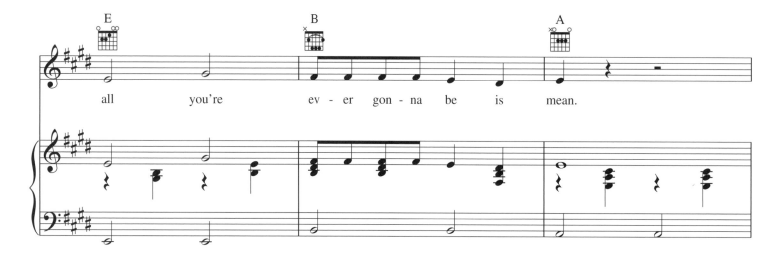

all you're ev-er gon-na be is mean.

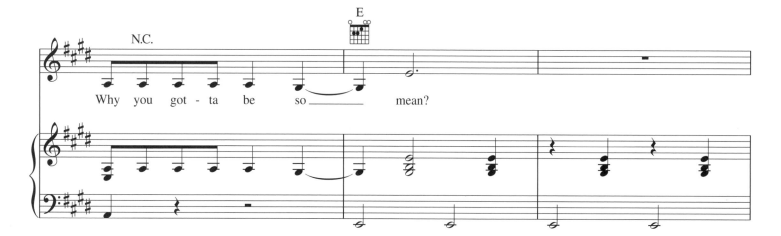

Why you got-ta be so _____ mean?

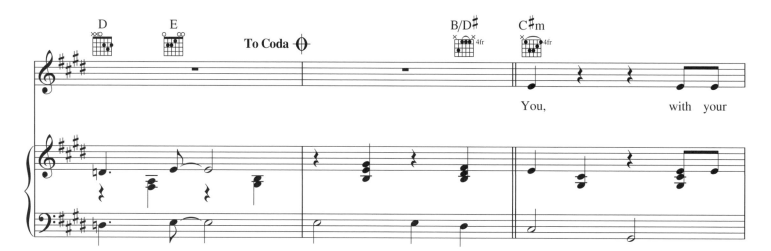

You, with your

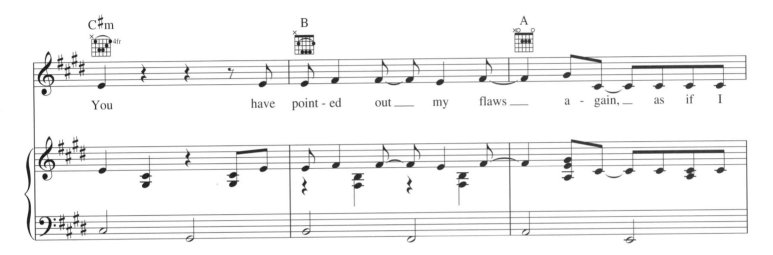

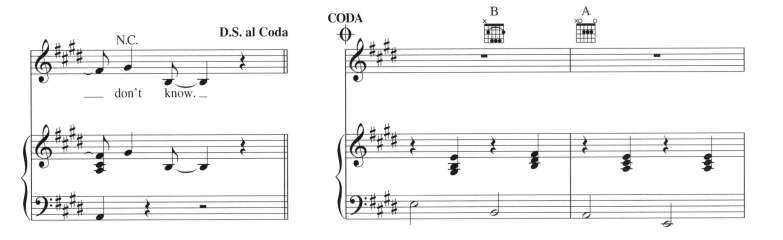

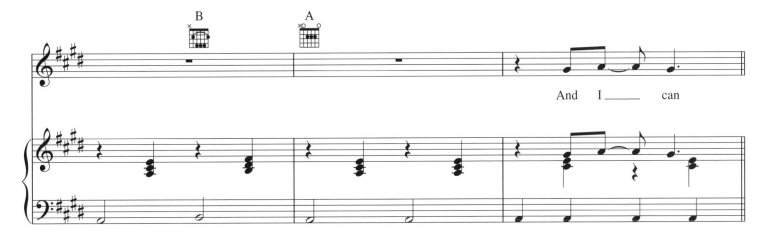

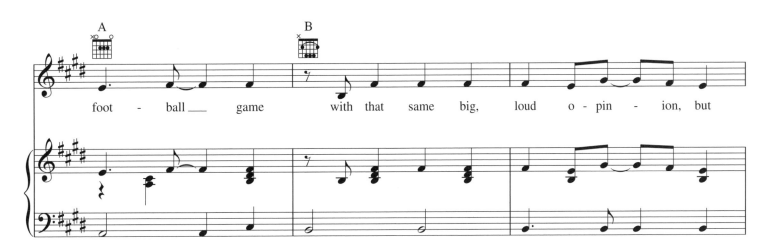

no - bod - y's lis - ten - ing. Washed up and rant -

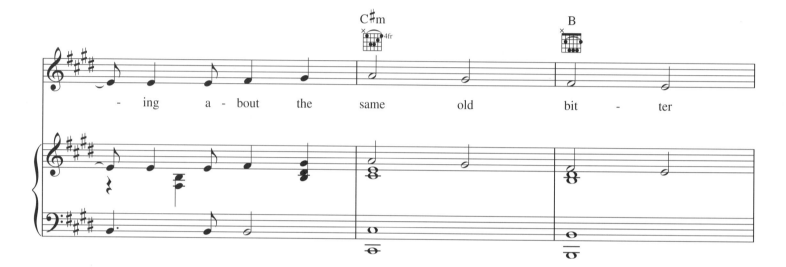

- ing a - bout the same old bit - ter

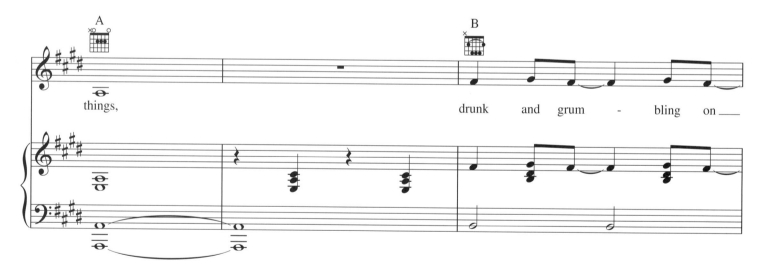

things, drunk and grum - bling on

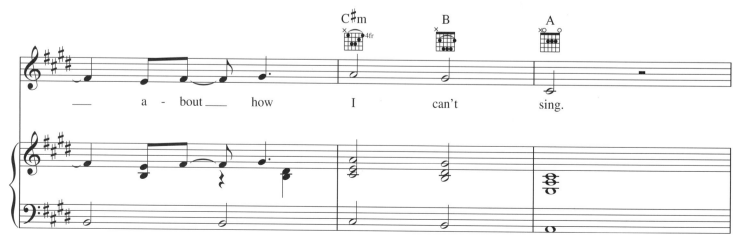

a - bout how I can't sing.

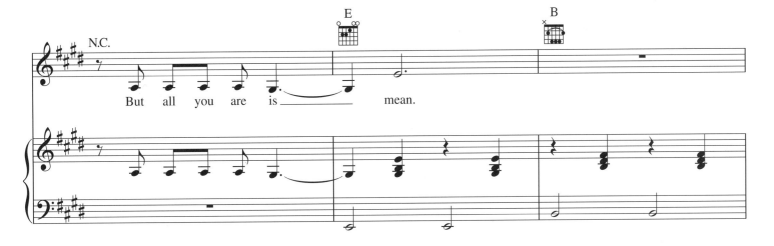

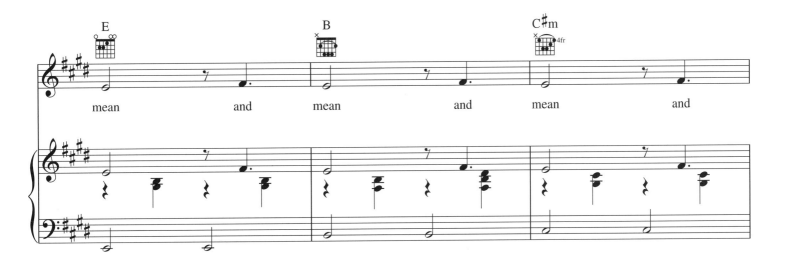

mean.   But some - day ___   I'll be ___
Some - day ___

liv - ing in a big ole cit - y, and all you're _

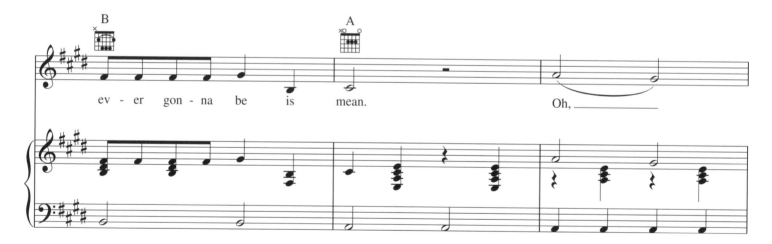

ev - er gon - na be is mean. Oh, _____

some - day ___ I'll be ___ big e - nough so you can't

A LITTLE BIT STRONGER

from the Motion Picture COUNTRY STRONG

Words and Music by LUKE LAIRD,
HILLARY SCOTT and HILLARY LINDSEY

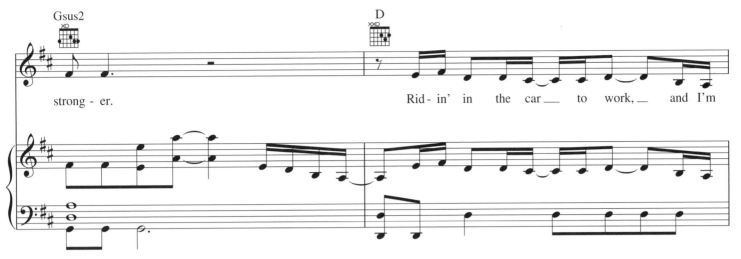

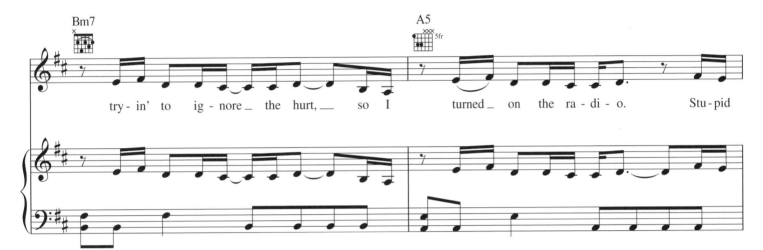

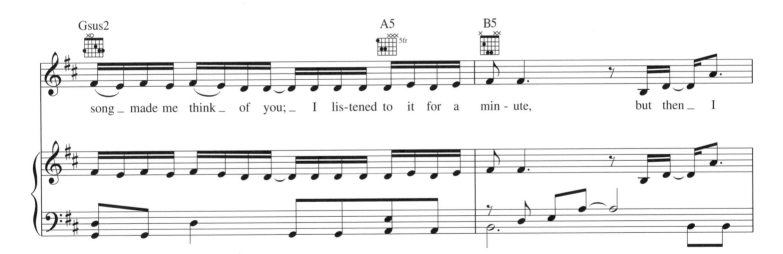

strong - er. _____ And I'm __ done hop - in' __ that

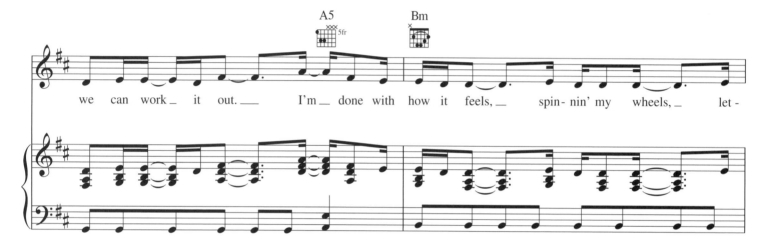

we can work __ it out. __ I'm __ done with how it feels, __ spin- nin' my wheels, __ let-

tin' you drag __ my heart a- round. And oh, __ and I'm __ done think - in' __ that

you could ev - er change. I know __ my heart __ will nev - er be the same, but I'm tell-

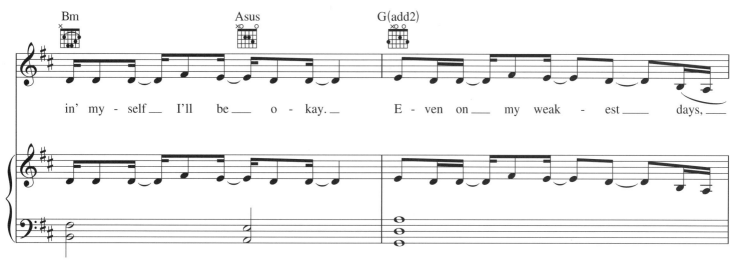

in' my-self __ I'll be __ o - kay. __ E - ven on __ my weak - est __ days,

To Coda

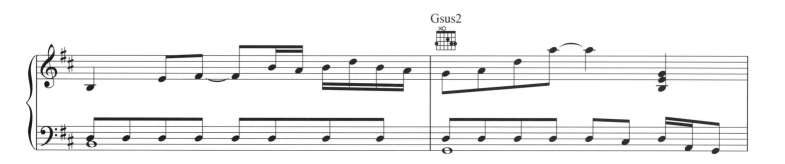

N.C.

I get a lit - tle bit strong - er. __

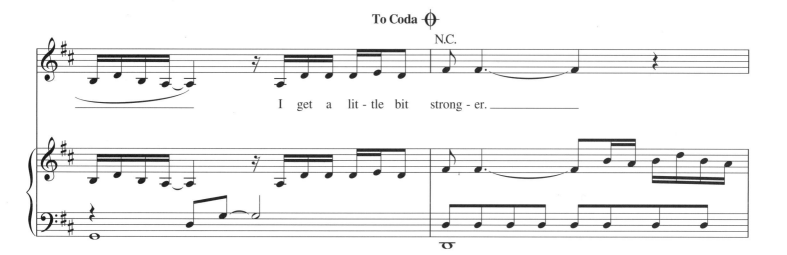

Gsus2

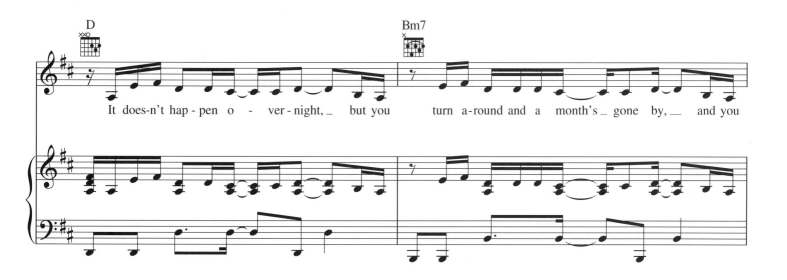

D   Bm7

It does-n't hap - pen o - ver-night, __ but you turn a-round and a month's __ gone by, __ and you

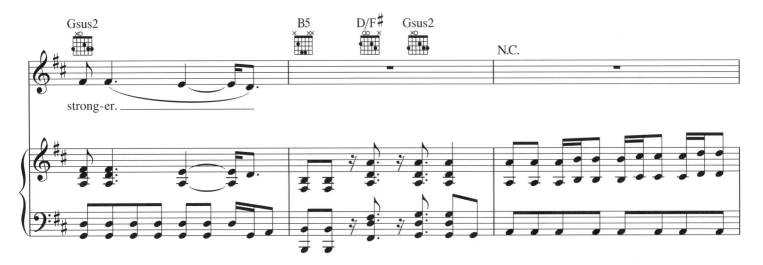

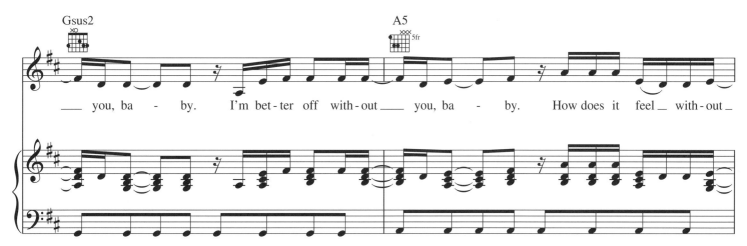

how it feels, __ spin-nin' my wheels __ and let - tin' you drag __ my heart a-round. And oh, __ and

I'm done think - in' __ that you could ev - er change. I know __ my heart __

__ will nev - er be the same, but I'm tell - in' my - self __ I'll be __ o - kay. __

E - ven on __ my weak - est __ days, _____ I get a lit - tle bit

strong-er; _____ I get a lit-tle bit strong-er. _____

Just a lit-tle bit strong - er. _____
(2.,3.) *Vocal and instrumental ad lib.*

A lit - tle bit, a lit - tle bit, a

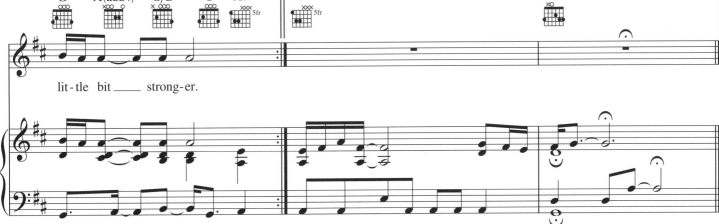

lit-tle bit _____ strong-er.

LOVE STORY

Words and Music by
TAYLOR SWIFT

there ... on a bal-co-ny in sum-mer air.

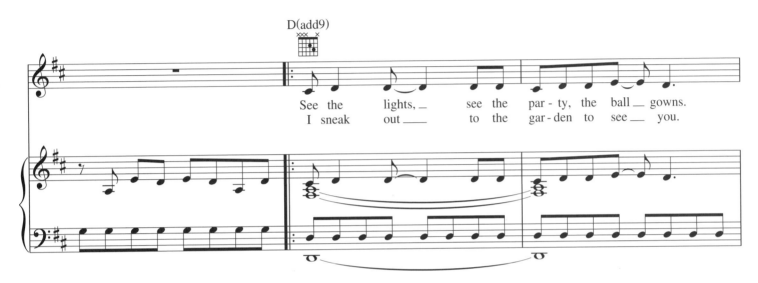

See the lights, __ see the par-ty, the ball __ gowns.
I sneak out __ to the gar-den to see __ you.

See you make __ your way through the crowd __ and say hel -
We keep quiet __ 'cause we're dead if they knew. So, close your

lo.
eyes,

Lit-tle did I _____ know
es-cape this town for a lit-tle while.

that you were Ro - me - o. You were
'Cause you were Ro - me - o, I was the

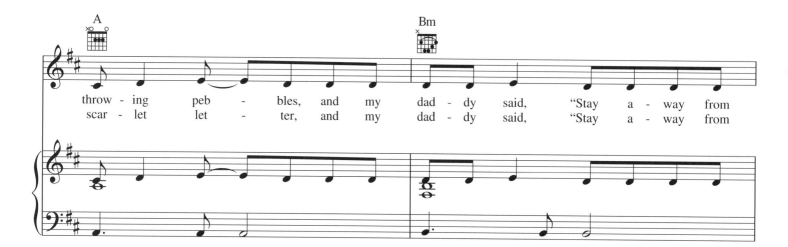

throw - ing peb - bles, and my dad - dy said, "Stay a - way from
scar - let let - ter, and my dad - dy said, "Stay a - way from

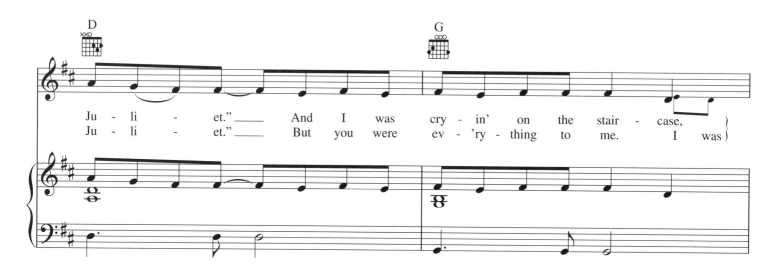

Ju - li - et." ___ And I was cry - in' on the stair - case,
Ju - li - et." ___ But you were ev - 'ry - thing to me. I was

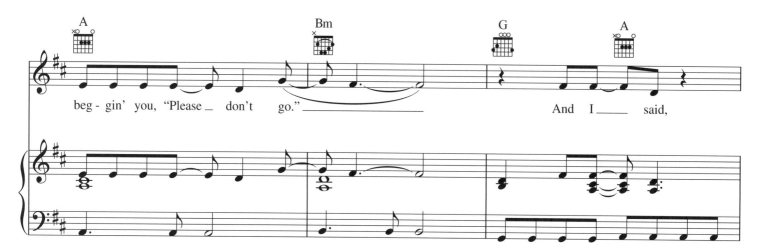

beg - gin' you, "Please __ don't go." _____ And I ____ said,

"Ro - me - o, take me some-where we can be a - lone. I'll be wait - ing.

All there's left to do is run. You'll be the prince and I'll be the prin - cess.

It's a love sto - ry.___ Ba - by, just say ___ yes."

So, "Ro - me - o, save me. They're try'n' to tell me how to feel.

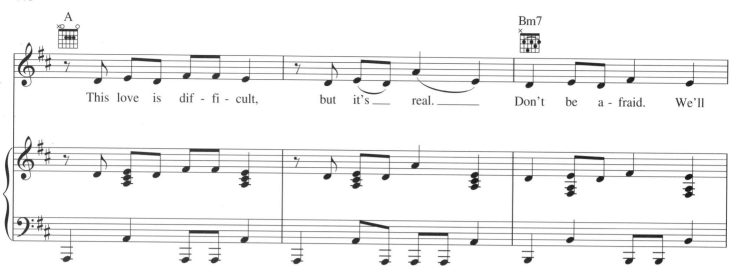

This love is dif - fi - cult, but it's __ real. ____ Don't be a - fraid. We'll

make it out of this mess. It's a love sto - ry. __ Ba - by, just say __ yes."

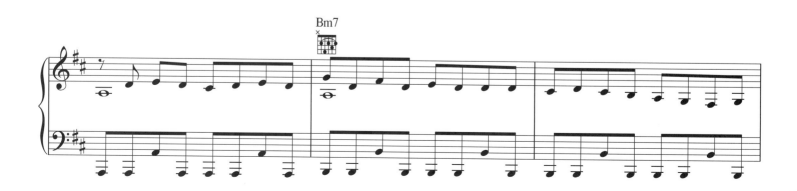

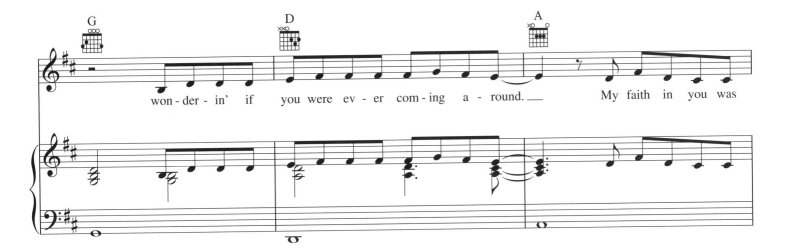

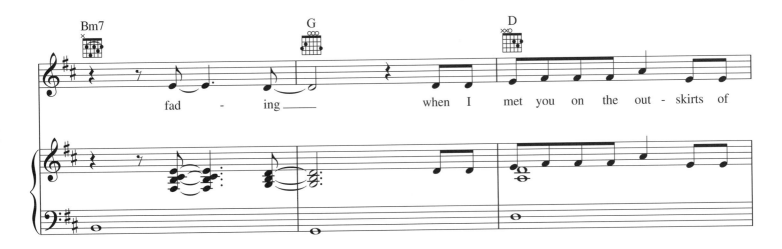

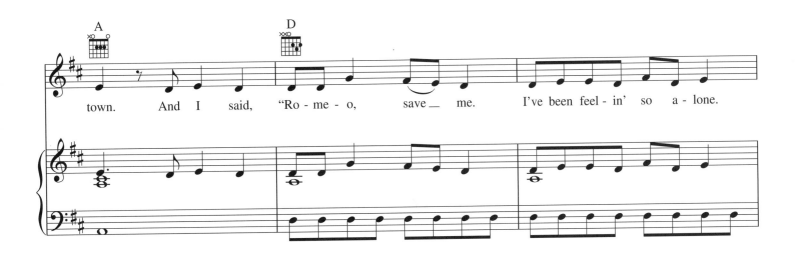

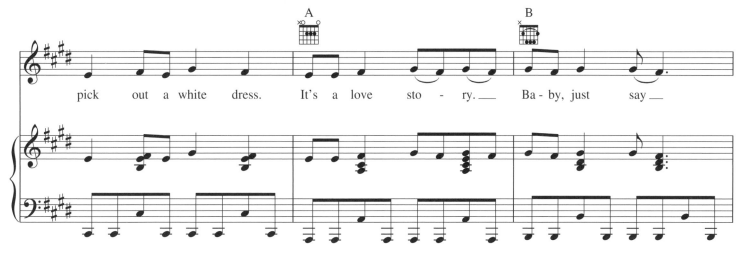

pick out a white dress. It's a love sto - ry.___ Ba - by, just say ___

yes."_____ Oh, oh, oh, _____

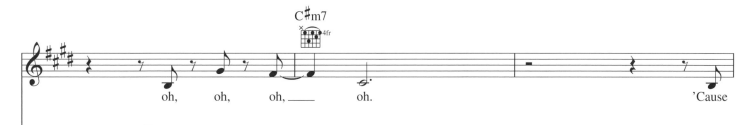

oh, oh, oh, ___ oh. 'Cause

we were both young when I first saw ___ you. ___

MY GIVE A DAMN'S BUSTED

Words and Music by TOM SHAPIRO,
TONY MARTIN and JOE DIFFIE

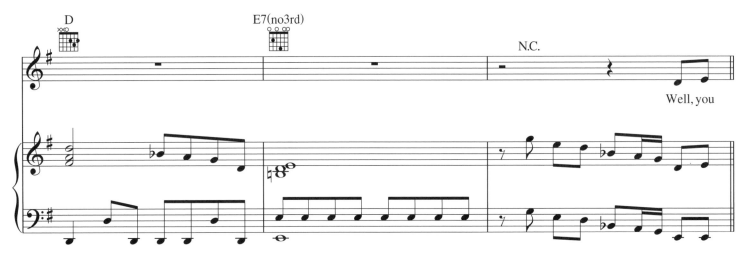

Well, you

filled up my head __ with so man-y lies. __ You twist-ed my heart __ till some-thin'

snapped in-side. ___ I'd like to give it one ___ more try, ___ but my give a damn's bust-

ed. You can crawl ___ back home and

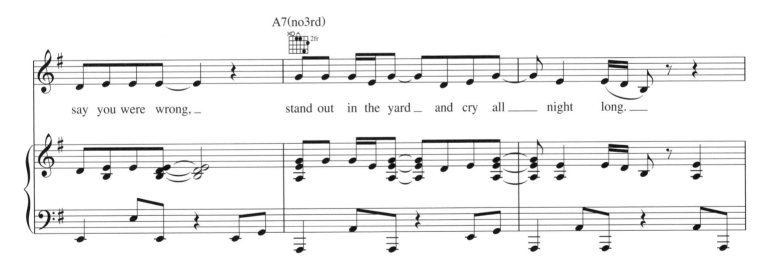

say you were wrong, ___ stand out in the yard ___ and cry all ___ night long. ___

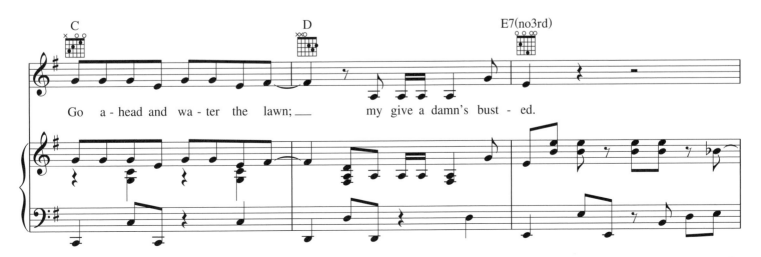

Go a-head and wa-ter the lawn; ___ my give a damn's bust-ed.

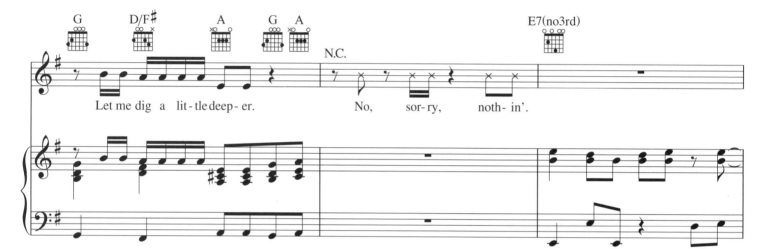

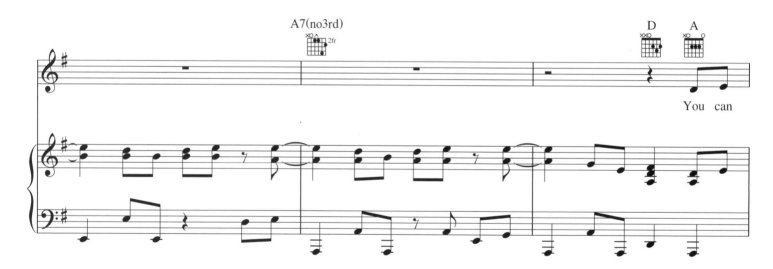

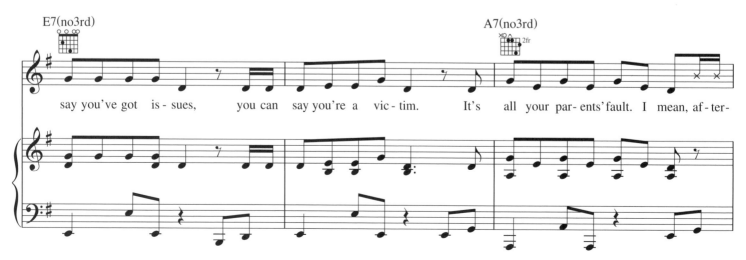

126

I real-ly wan-na care, I wan-na feel some-thin'.

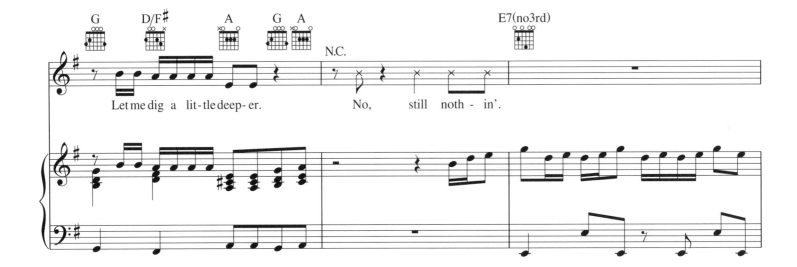

Let me dig a lit-tle deep-er. No, still noth-in'.

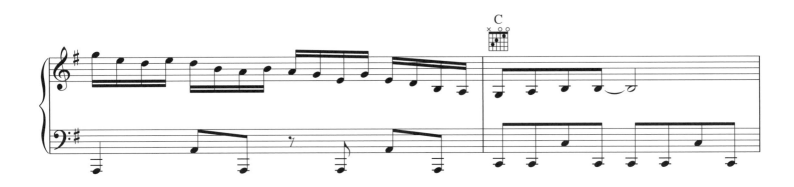

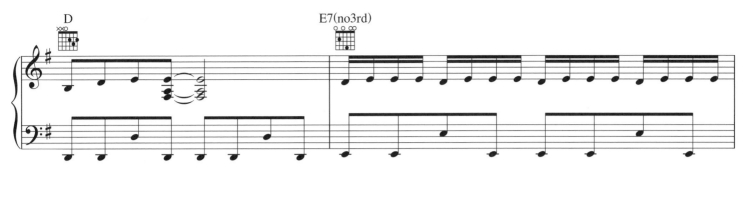

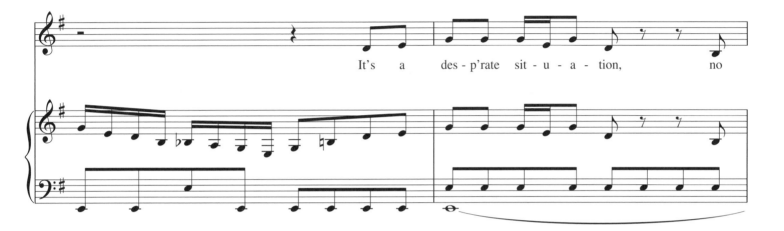

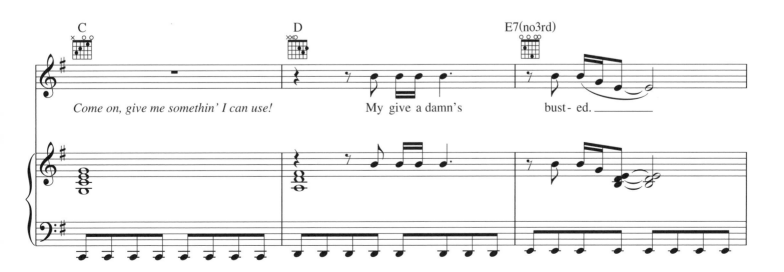

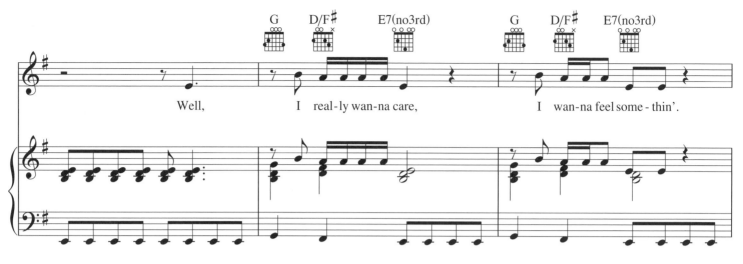

Well, I real-ly wan-na care, I wan-na feel some-thin'.

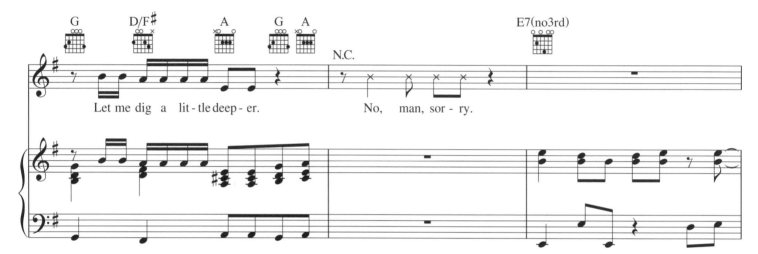

Let me dig a lit-tle deep-er. No, man, sor-ry.

Just nothin'. *No.* *You've really done it this time.*

My give a damn's bust - ed.

REDNECK WOMAN

Words and Music by GRETCHEN WILSON
and JOHN RICH

Recorded a half step lower.

I can't swig ___ that sweet cham- pagne; I'd rath- er drink beer all
I can buy ___ the same damn thing on a Wal - Mart shelf half-

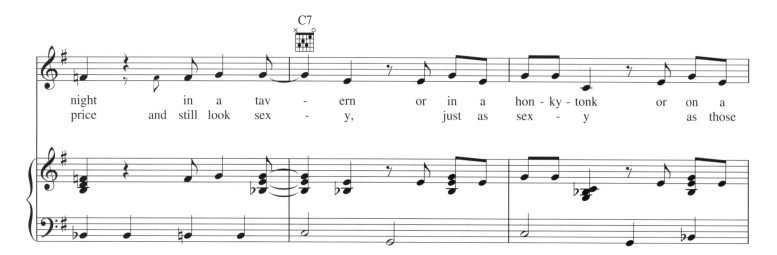

night in a tav- ern or in a hon- ky-tonk or on a
price and still look sex - y, just as sex - y as those

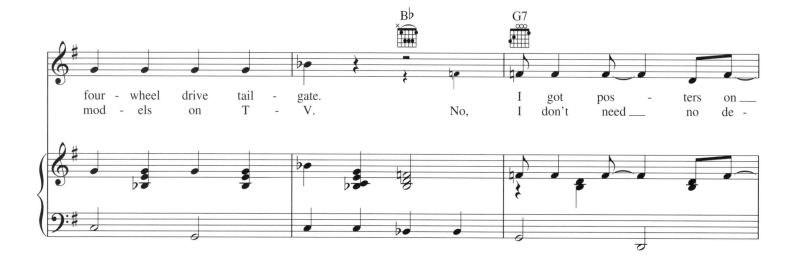

four - wheel drive tail - gate. No, I got pos- ters on ___
mod - els on T - V. No, I don't need ___ no de-

___ my wall ___ of Skyn- yrd, Kid and Strait. Some
sign - er's tag ___ to make my Kid man want me.

peo - ple look __ down on __ me, but I don't give a rip. __
You might think __ I'm trash - y, a lit - tle too hard - core, __

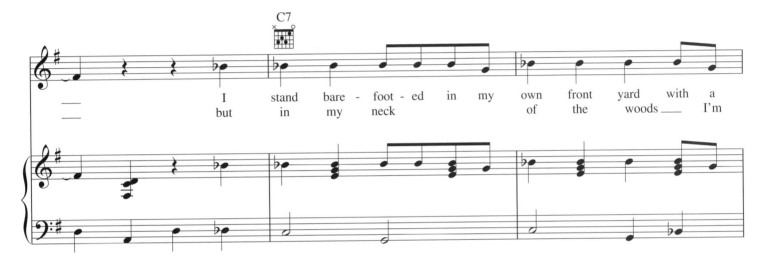

__ I stand bare - foot - ed in my own front yard with a
__ but in my neck of the woods __ I'm

ba - by on __ my hip, __ 'cause } I'm a red - neck wom -
just the girl __ next door. __ Hey, }

- an, I ain't no high - class broad. __ I'm just a

prod - uct of my rais - in', I ____ say, "Hey, y'all" and "Hee -

C7

haw." And I keep my Christ - mas lights ____ on on my

G7

front porch all year long, and I know all the words _

____ to ev - 'ry

Char - lie Dan - iels song. ____
Tan - ya Tuck - er song. ____
ol' ____ Bo - ce - phus song. ____

So,

here's to all___ my sis - ters out there keep - in' it___ coun - try.___

Let me get a big___ "Hell, yeah"___ from the

To Coda ⊕

red - neck girls like me. Hell, yeah._____ (Hell,

yeah!) Vic - to - ri - a's

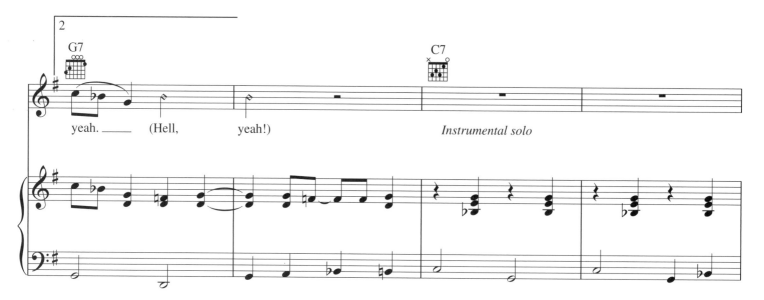

yeah. _____ (Hell, yeah!)   *Instrumental solo*

I'm a red - neck wom - an, I ain't no

high - class broad.___ I'm just a prod - uct of my rais - in', I ___ say,

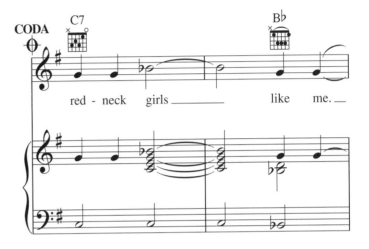

D.S. al Coda

N.C.

"Hey, y'all" and "Hee - haw." And I

CODA

red - neck girls _____ like me. ___

_____ (Hell, yeah!) Hell, yeah. _____ (Hell, yeah!) Hell, _ yeah. ___

_____ (Hell, yeah!) I said, _ hell yeah! ___

NEED YOU NOW

Words and Music by HILLARY SCOTT,
CHARLES KELLEY, DAVE HAYWOOD
and JOSH KEAR

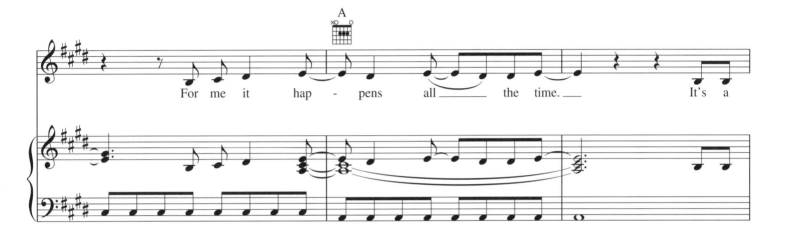

138

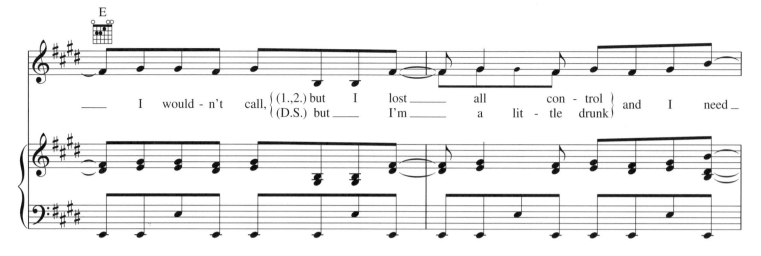

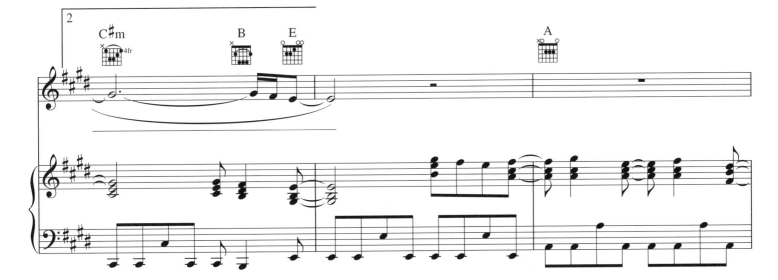

D.S. al Coda

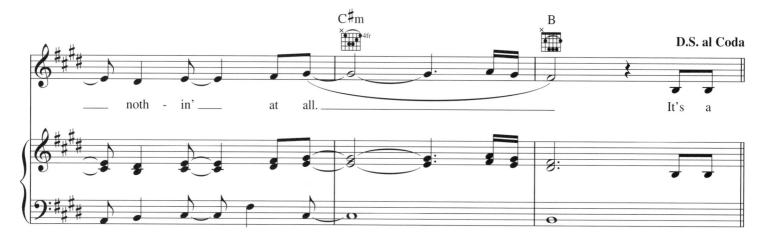

noth - in' ___ at all. _____ It's a

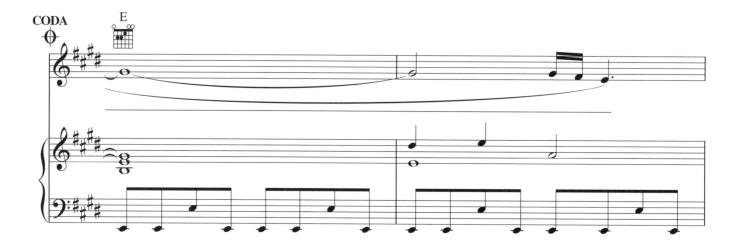

CODA

I ___ just need ___ you now. _____

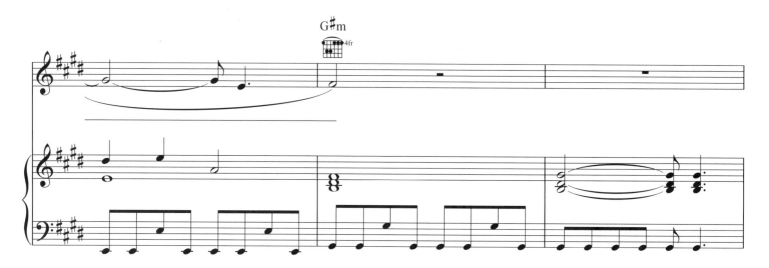

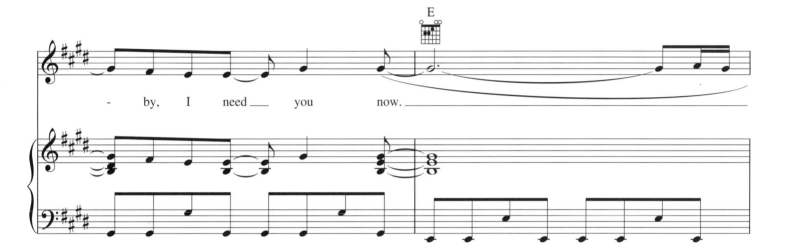

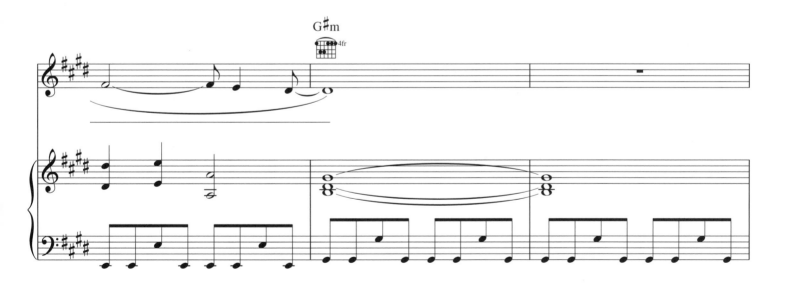

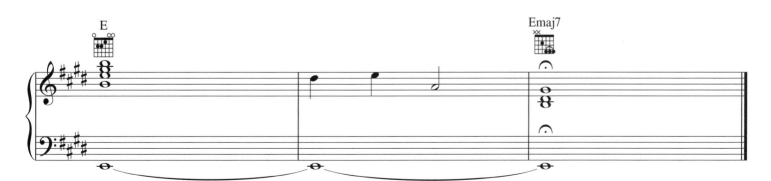

STUCK LIKE GLUE

Words and Music by SHY CARTER,
KRISTIAN BUSH, JENNIFER NETTLES
and KEVIN GRIFFIN

Moderately fast

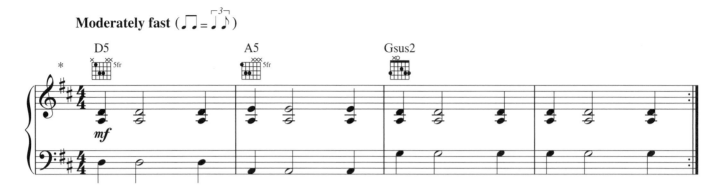

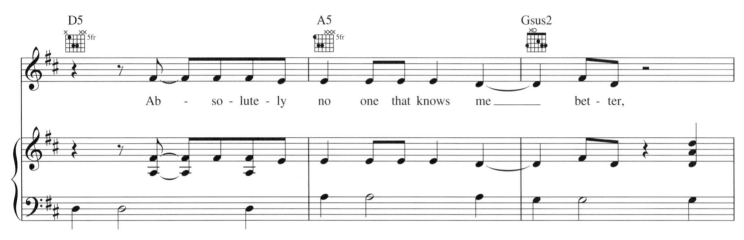

Ab - so - lute - ly no one that knows me _____ bet - ter,

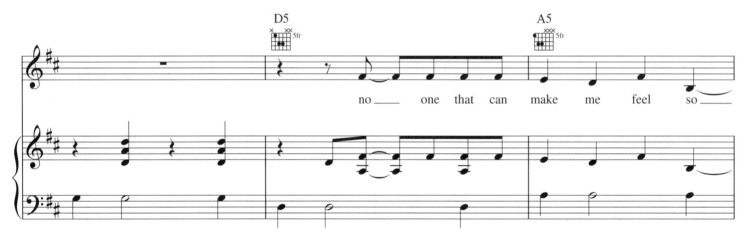

no _____ one that can make me feel so _____

_____ good. How _____ did we

*Recorded a half step lower.

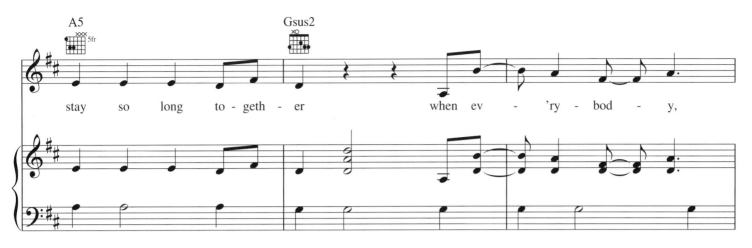

stay so long to-geth-er when ev-'ry-bod-y,

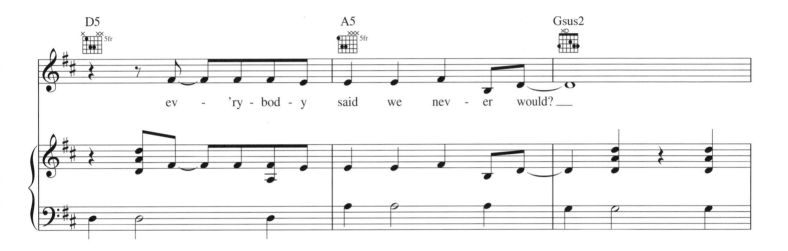

ev-'ry-bod-y said we nev-er would? ___

And just when I, ___ I start to think ___ they're right, ___

___ that love has died, ___ there ___ you go mak-in' my heart ___

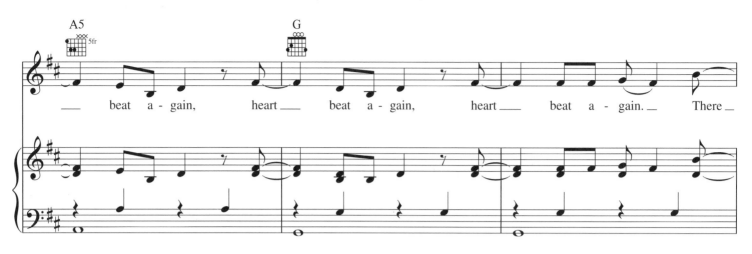

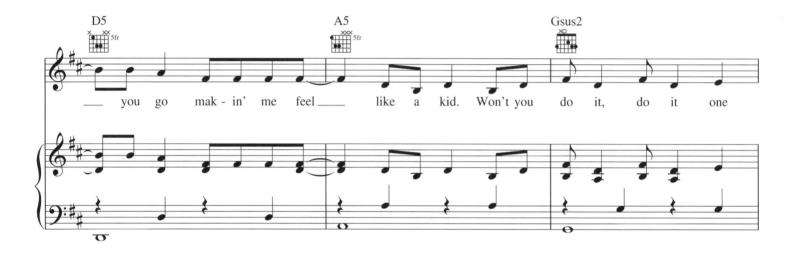

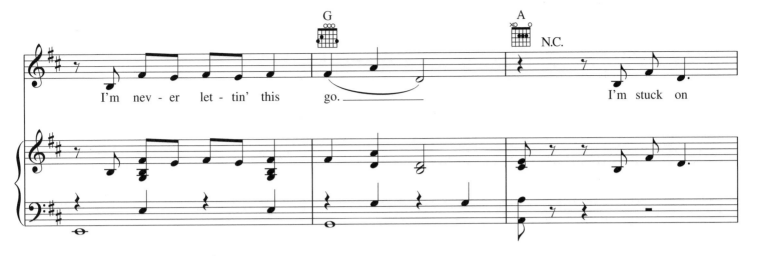

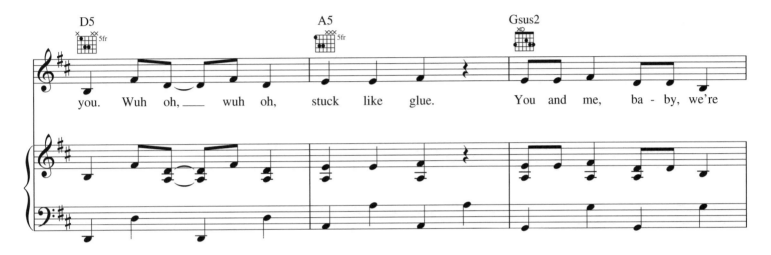

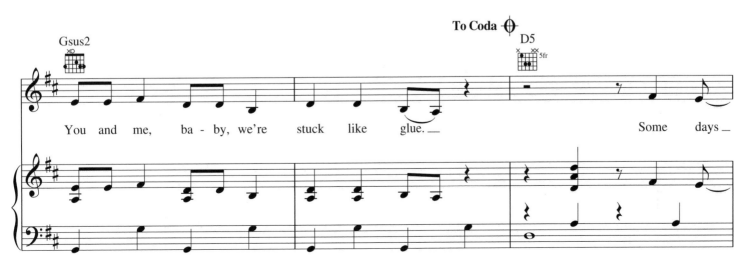

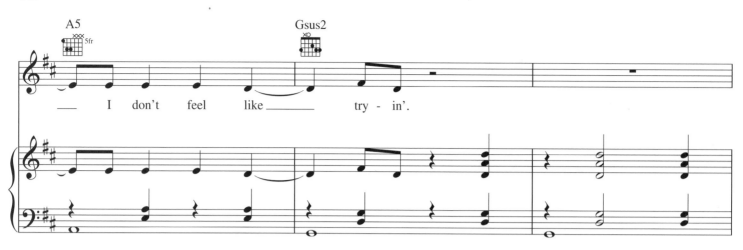

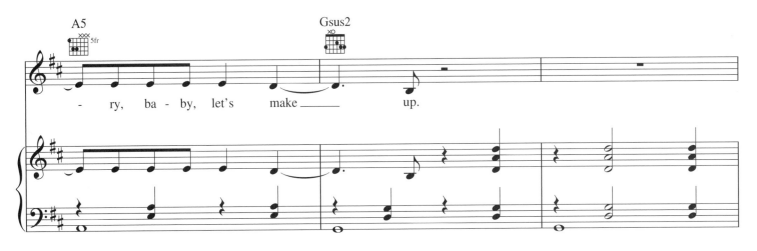

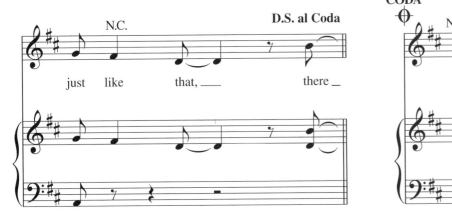

up in your head. ___ Wuh oh, ___ wuh oh, up in your head. ___

Wuh oh, ___ wuh oh, up in your head. ___ Wuh oh, ___ wuh oh,

up in your head. ___ Wuh, oh, ___ wuh oh, wuh oh, ___ wuh oh,

stuck like glue. You and me to-geth-er, say it's all I wan-na do. I said there___

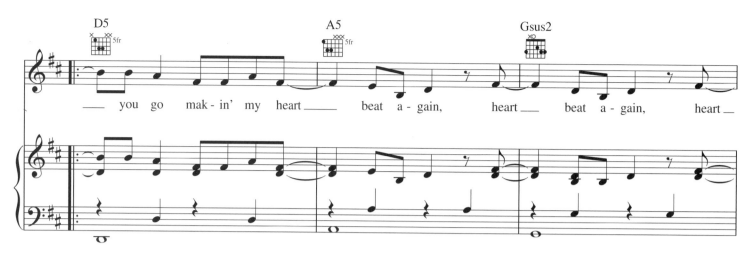

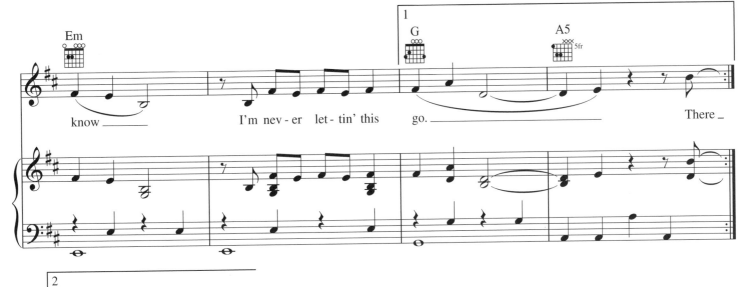

TEMPORARY HOME

Words and Music by ZAC MALOY,
LUKE LAIRD and CARRIE UNDERWOOD

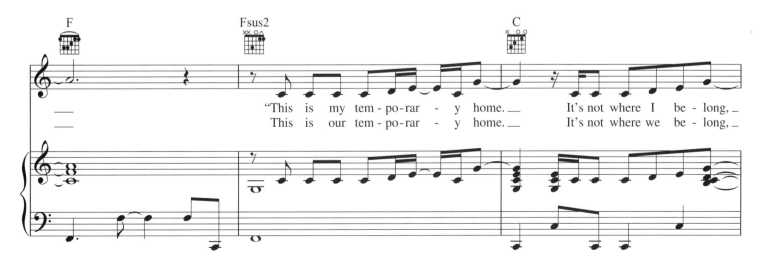

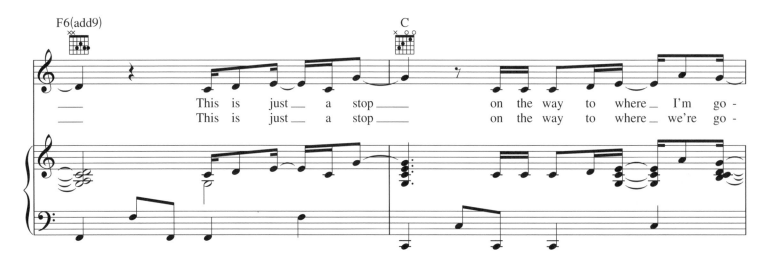

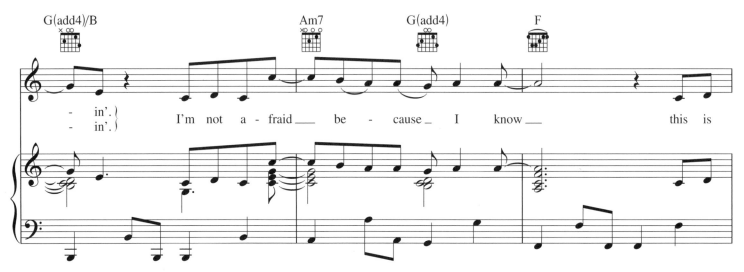

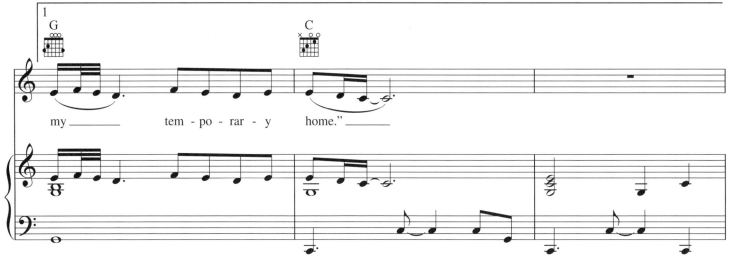

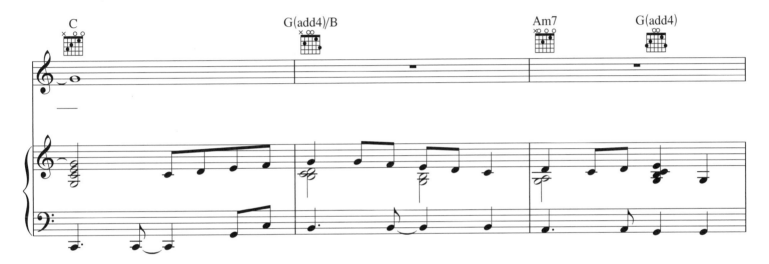

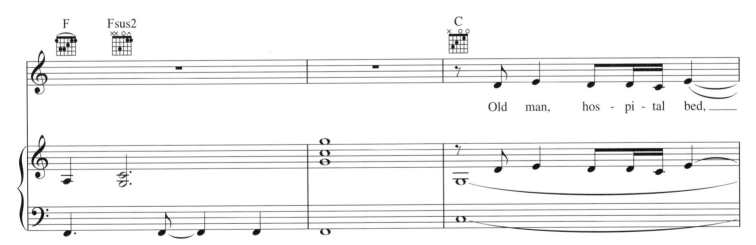

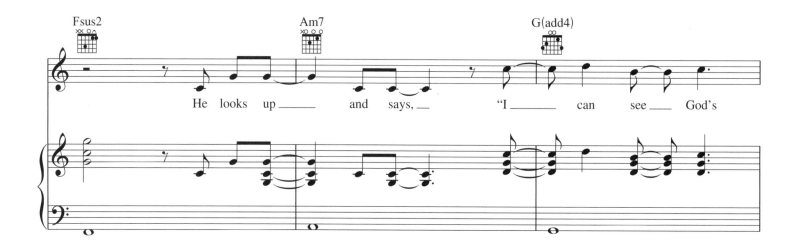

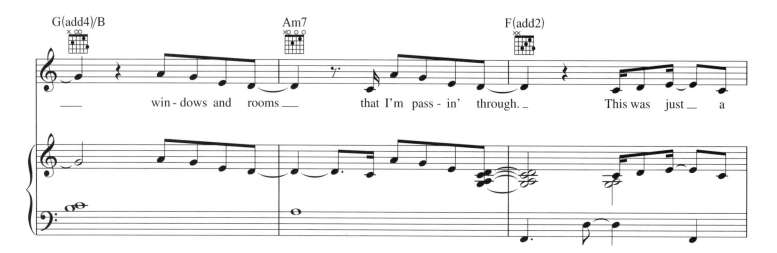

stop on the way to where _ I'm go - in'. I'm not a-fraid _ be - cause _ I know _

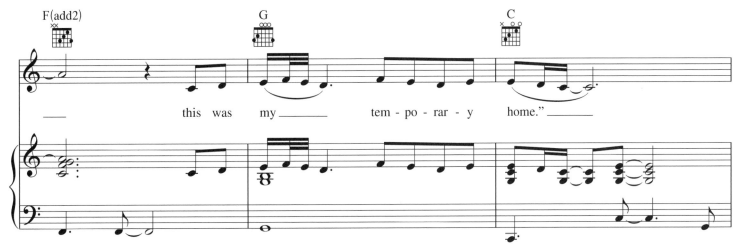

_ this was my _ tem - po - rar - y home." _

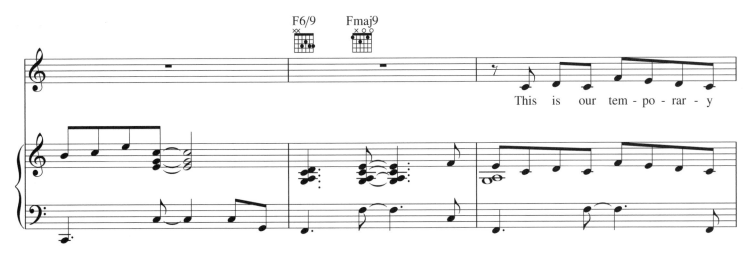

This is our tem - po - rar - y

home.

THE WAY YOU LOVE ME

Words and Music by MICHAEL DULANEY
and KEITH FOLLESE

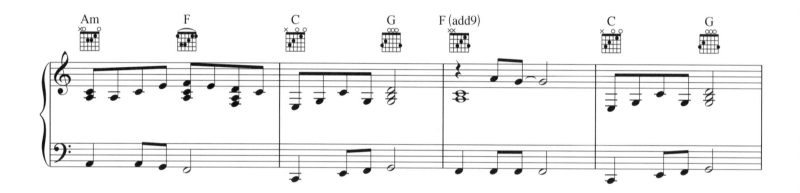

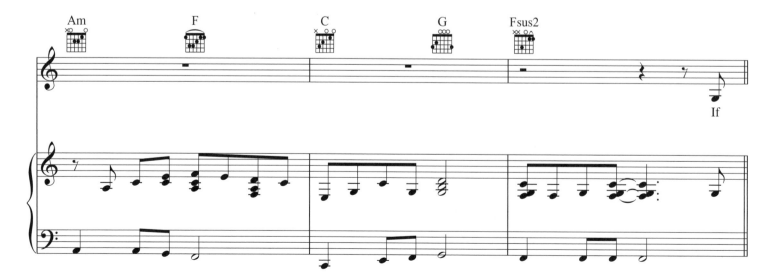

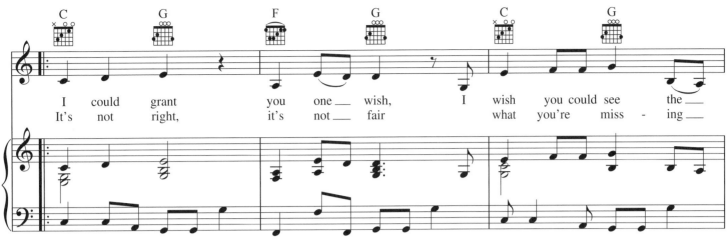

I could grant you one __ wish, I wish you could see the __
It's not grant right, it's not __ fair what you're miss - ing __

way you __ kiss. Ooh, __ I love watch - ing you, __ ba - by, __
o - ver __ there. Some - day I'll find __ a way to show __ you __

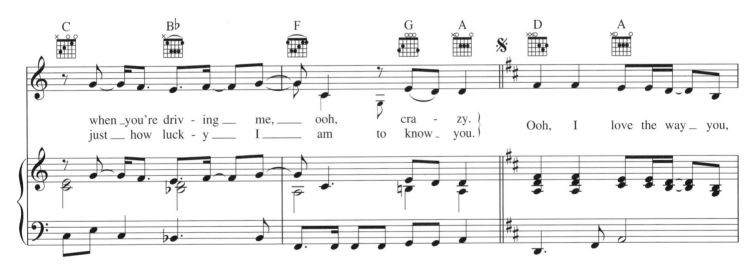

when __ you're driv - ing __ me, __ ooh, __ cra - zy.
just __ how luck - y __ I __ am to know __ you. Ooh, I love the way __ you,

love __ the way __ you love me. There's no - where else I'd rath - er be.
(When you touch me) __ (drives me wild.) __

Ooh, to feel the way __ I feel with your arms __ a - round __ me. I on - ly wish __ that you __ could

see _____ the way __ you love __ me. Whoa, oh _____ oh, _____ the way __ you
(love me)

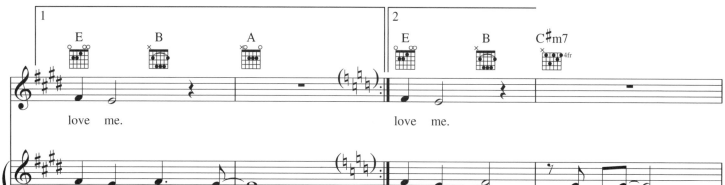

1
love me.

2
love me.

You're the mil - lion rea - sons why there's love re - flect - ing

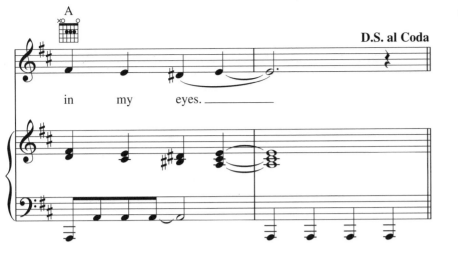

D.S. al Coda

CODA

in my eyes. _____

love me. (love me)

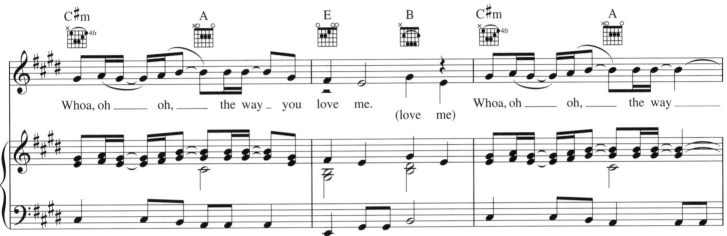

Whoa, oh _____ oh, _____ the way _ you love me.
(love me)
Whoa, oh _____ oh, _____ the way _____

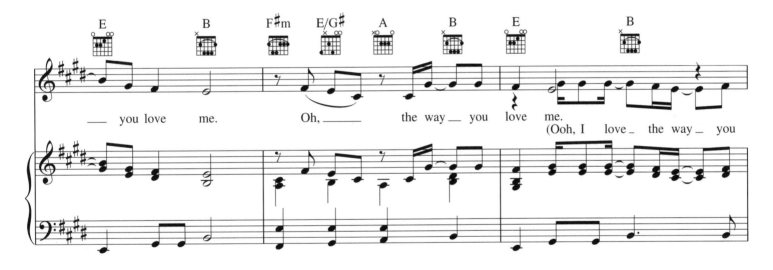

_ you love me.
Oh, _____ the way _ you love me.
(Ooh, I love _ the way _ you

Repeat and Fade | **Optional Ending**

The way _ you love me. Ooh, I love the way _ you love me. Oh, yeah. _
love me.)

YOU LIE

Words and Music by BRIAN HENNINGSEN,
CLARA HENNINGSEN and AARON HENNINGSEN

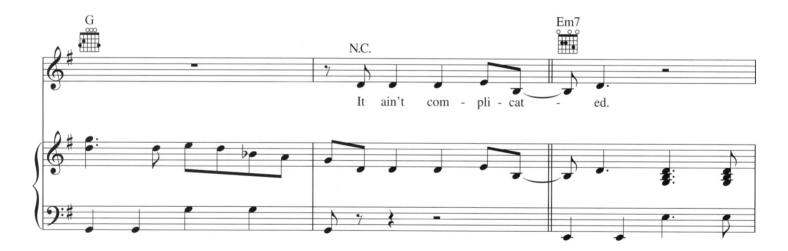

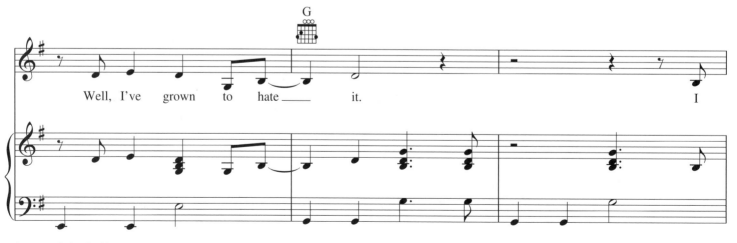

Lyrics: It ain't com-pli-cat-ed. Well, I've grown to hate _____ it. I

Recorded a half step lower.

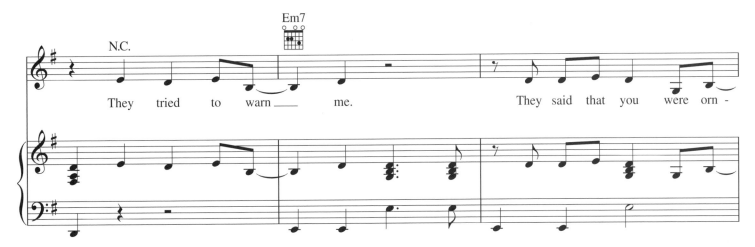

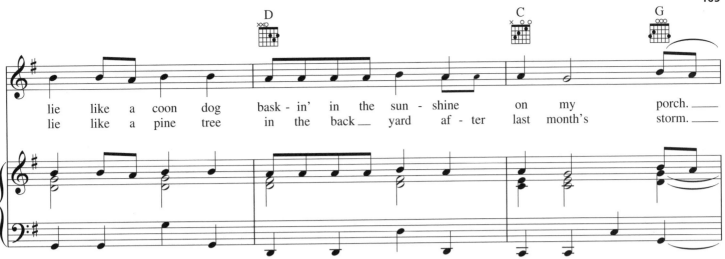

lie like a coon dog bask-in' in the sun - shine on my porch. ___
lie like a pine tree in the back __ yard af - ter last month's storm. ___

___ Well, you lie like a pen - ny in a park - in' lot at the

gro - c'ry store. It just __ comes way too

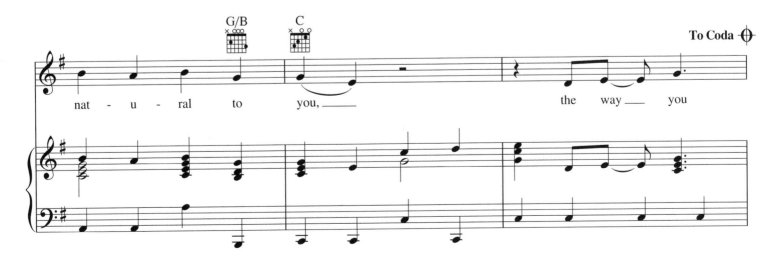

nat - u - ral to you, __ the way __ you

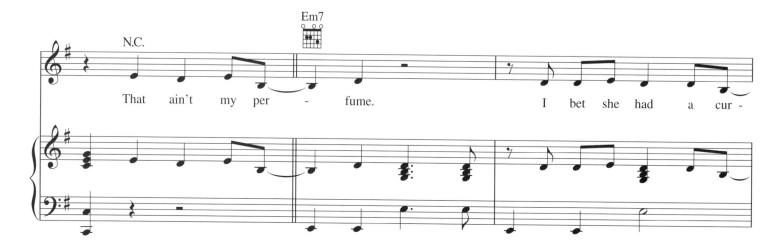

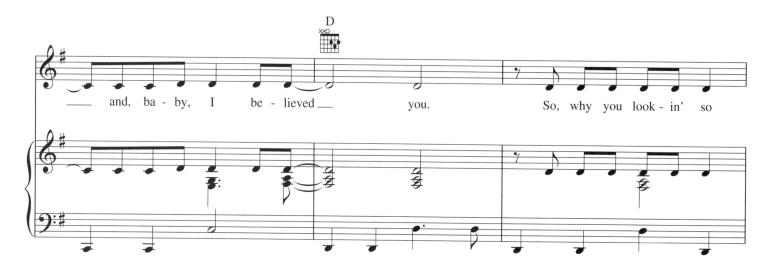

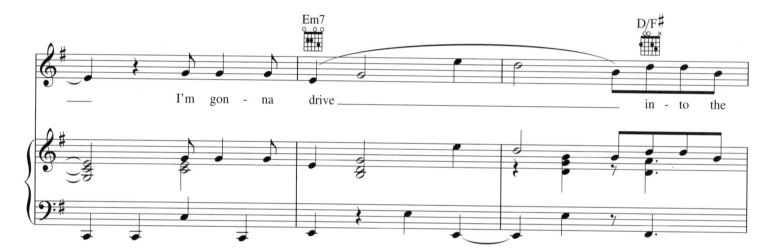

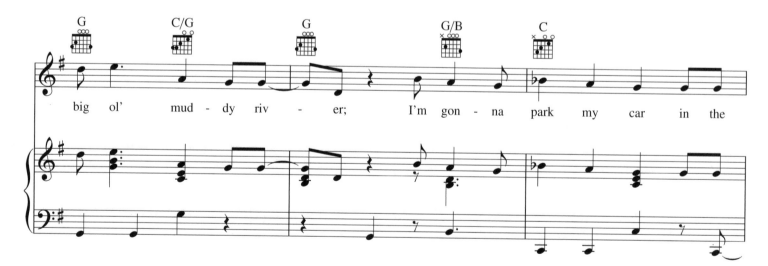

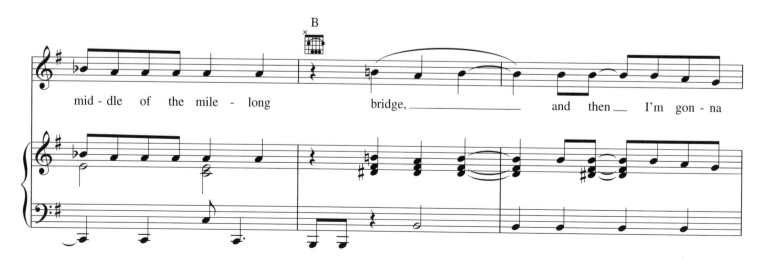

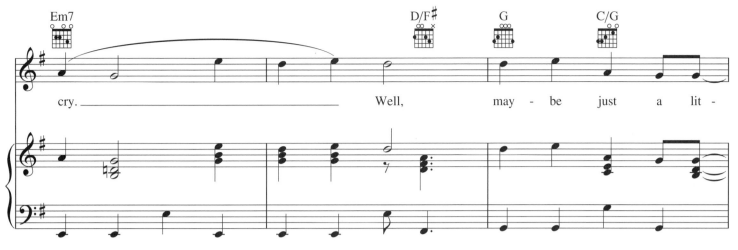

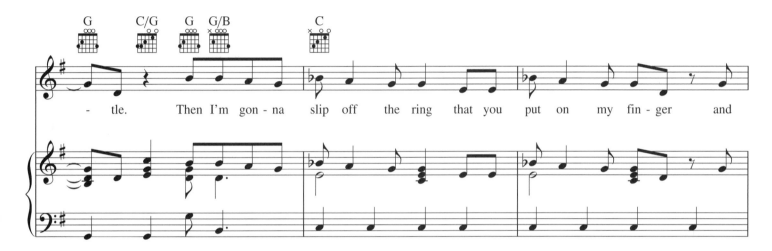

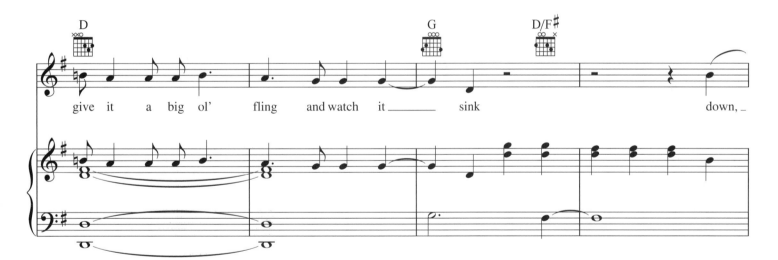

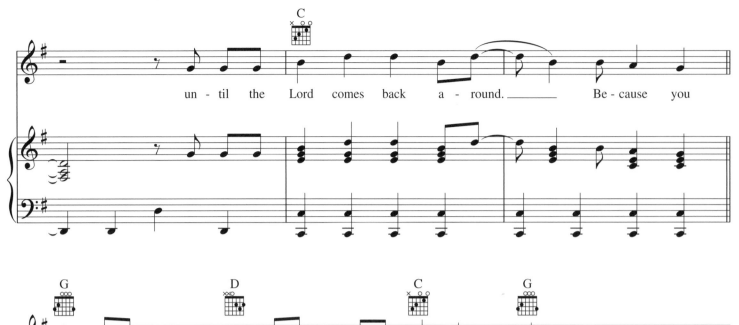

un - til the Lord comes back a - round._____ Be - cause you

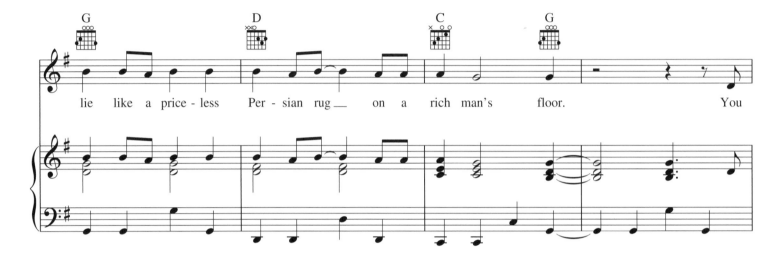

lie like a price - less Per - sian rug ___ on a rich man's floor._____ You

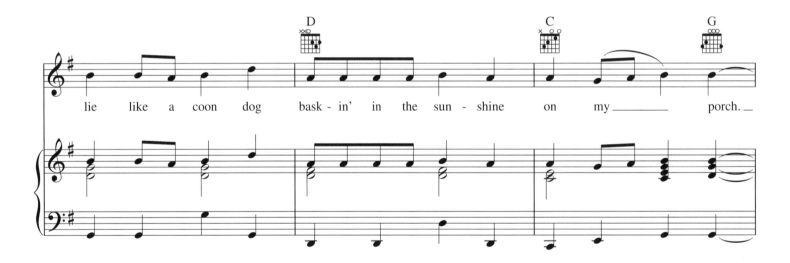

lie like a coon dog bask - in' in the sun - shine on my _____ porch.___

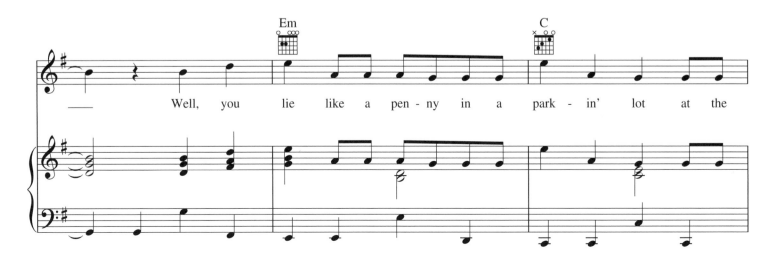

___ Well, you lie like a pen - ny in a park - in' lot at the

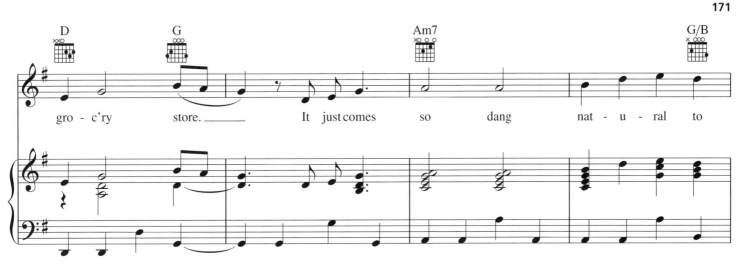

WORK HARD, PLAY HARDER

Words and Music by GRETCHEN WILSON,
JOHN RICH, VICKY McGEHEE,CHRIS ROBINSON
and RICH ROBINSON

Moderately fast

I work a dou-ble shift on Mon-day,
I don't waste my time on

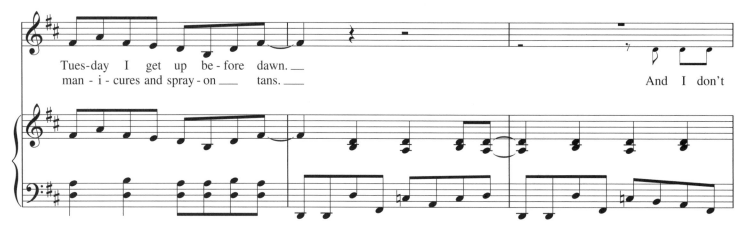

Tues-day I get up be-fore dawn. ___
man-i-cures and spray-on ___ tans. ___

And I don't

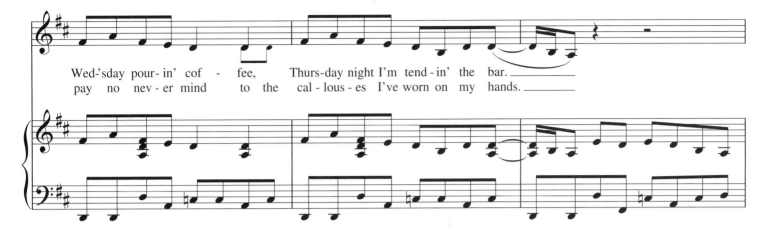

Wed-'sday pour-in' cof - fee, Thurs-day night I'm tend-in' the bar.____
pay no nev-er mind to the cal-lous-es I've worn on my hands.____

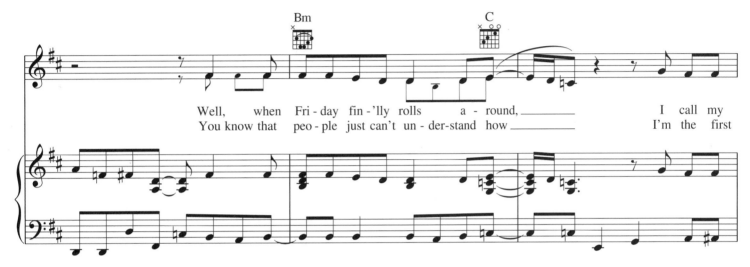

Bm   C

Well, when Fri - day fin -'lly rolls a - round,_____ I call my
You know that peo -ple just can't un-der-stand how_____ I'm the first

Bm   G   G7   D
                                                                    N.C.

rough and row-dy friends and we're honk - y tonk bound._____ I work hard,__
__ to clock in,__ but the last__ to pass out._____ I play hard - er.____

%   G   C   G   D

I play hard - er.____ I'm a good tim - in' A - mer - i - can daugh-

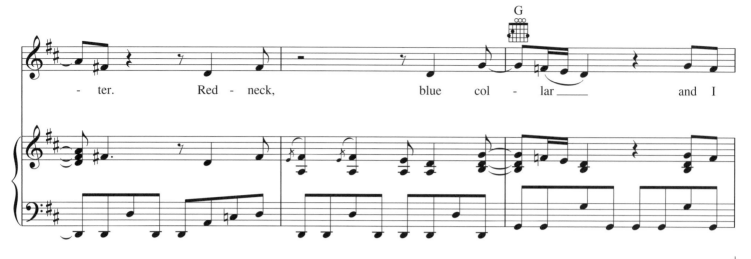

-ter. Red - neck, blue col - lar _____ and I

To Coda ⊕

par - ty down to my last dol - lar. I work hard, __ I work hard, _ I work hard, _

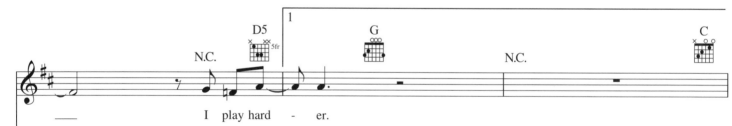

I play hard - er.

- er, _____ yeah, __

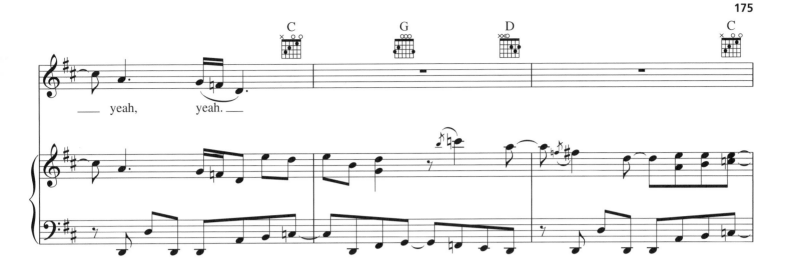

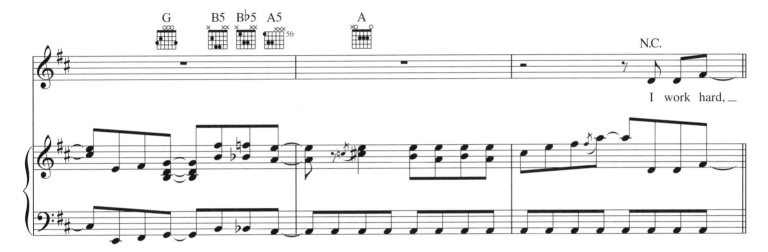

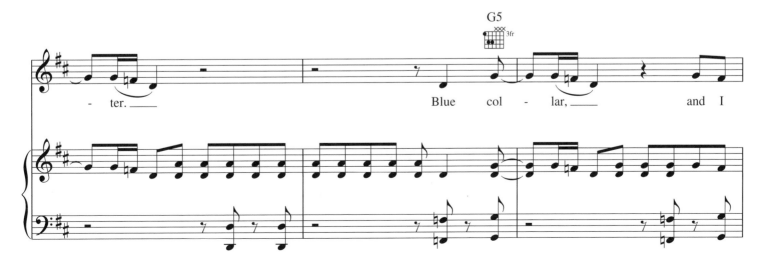

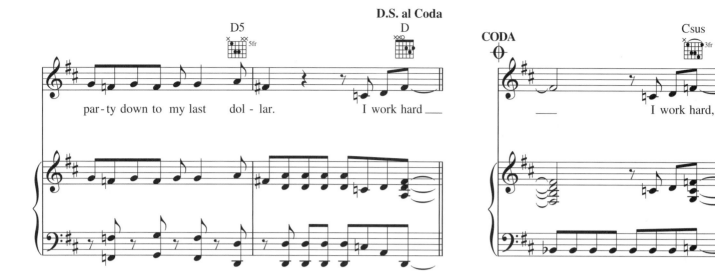

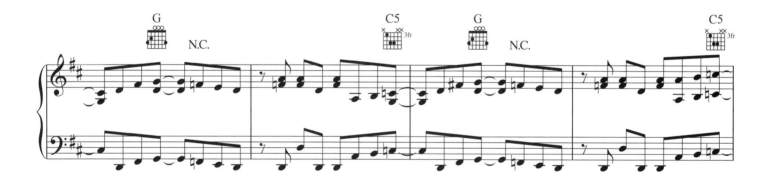

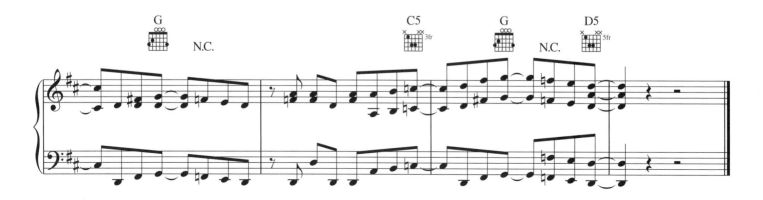